1983年，中国第一台双门双温区电冰箱——BYD-103冰箱诞生于容声

创业时期的生产工具

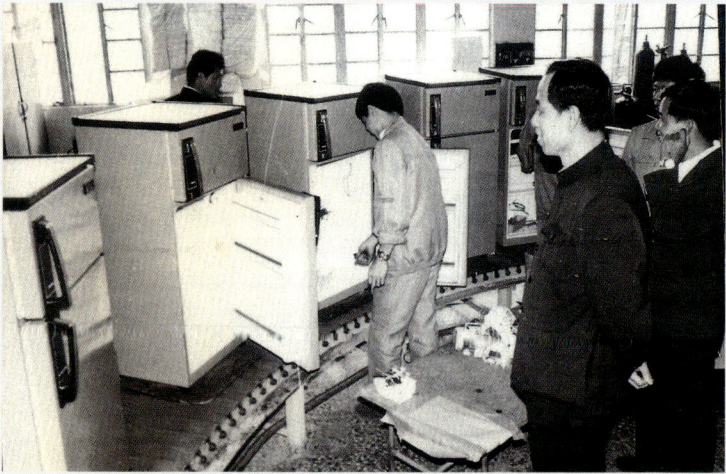

创业时期的生产车间

创业时期的办公楼

1984年，容声冰箱正式建厂，取名"广东省顺德珠江冰箱厂"，开始批量生产容声牌电冰箱

广东珠江冰箱厂冰箱一厂

广东珠江冰箱厂冰箱二厂

生产车间

生产调度

汪明荃代言容声冰箱广告时的工作手稿

1988年，开启中国家电产业明星代言的先河，"容声容声，质量保证"成了家喻户晓、耳熟能详的广告语

2016年，容声再度牵手汪明荃，"容声容声，质量保证"的初心从未改变

2016年，法国欧洲杯，瑞士球星沙奇里一记"倒挂金钩"让"容声倒钩"惊艳世界

1992年1月29日，中国改革开放的总设计师邓小平同志视察广东珠江冰箱厂，有感于"企业成立7年，产量翻了16倍"的成绩，发表了"发展才是硬道理"的著名论断

邓小平同志参观广东珠江冰箱厂

2007年，邓小平全身青铜像坐落在顺德科龙总部

再造客厅

1983 ——————————— 2018

钱跃东 I 著

中国友谊出版公司

图书在版编目（ＣＩＰ）数据

再造容声：一部激荡的中国品牌"质造"启示录 /
钱跃东著. -- 北京：中国友谊出版公司, 2019.7
ISBN 978-7-5057-4640-4

Ⅰ.①再… Ⅱ.①钱… Ⅲ.①家电企业—企业发展—
研究—广东 Ⅳ.①F426.619

中国版本图书馆CIP数据核字（2019）第057351号

书名	**再造容声：一部激荡的中国品牌"质造"启示录**
作者	钱跃东
出版	中国友谊出版公司
策划	杭州蓝狮子文化创意股份有限公司
发行	杭州飞阅图书有限公司
经销	新华书店
制版	杭州真凯文化艺术有限公司
印刷	杭州钱江彩色印务有限公司
规格	880×1230毫米　32开
	9印张　201.6千字
版次	2019年7月第1版
印次	2019年7月第1次印刷
书号	ISBN 978-7-5057-4640-4
定价	58.00元
地址	北京市朝阳区西坝河南里17号楼
邮编	100028
电话	（010）64668676

目录

2018

序 言

中国制造的容声故事

吴晓波

（一）

早在20世纪90年代，我便到顺德看过容声品牌的母公司——科龙，但第一次深入研究这个公司的案例，已经是在2006—2007年间写作《大败局Ⅱ》的时候了。彼时的科龙刚刚度过一场生死考验：由于实际控制人涉案，科龙在2005年经历了资金链断裂、生产瘫痪的恐怖局面，这家曾经最具有现代气质的家电企业一度身临末路，令不少财经观察者为之扼腕。尽管海信火线驰援，于危亡之际扶住了这座将倾的大厦，但科龙一年亏损36.9亿元，净资产贬值至-10.9亿元，涉案93宗，其前景之晦暗不言而喻。

我把科龙的案例收入了《大败局Ⅱ》，因为这实在是个太典型不过的"中国式失败"：具备崇高威望的创始人以卓越的才能造就了企业的辉煌，但企业的性质却是板上钉钉的集体所有制，在产权清晰化的改革大势之下，控股方与创始人之间的共识破裂，于是创始人出局，企业每况愈下、匆忙转卖，最终走向不归路……佛山的两家明星企业健力宝与科龙，居然沿着同一路径从神坛跌落，不能不令闻者心惊。

产权问题固然复杂难辨，但有一点确然无疑：在国有企业、集体企业普遍遭遇困境的当年，以相对合理的方式推动产权量化改革，是解决"代理人问题"并形成激励的有效举措。与科龙同处顺德的美的、格兰仕在随后的加速发展中都证明了这一点，而科龙却一步踏错，步步差跌。有人将科龙之败归咎于"国退民进"，经济学家周其仁评论道："不是科龙改制给了格林柯尔机会，而恰恰是没有及时改制。科龙的主要教训就是潘宁时代没有及时发起并完成产权改革，否则顾雏军就不会有入主的机会。"他还特意写了一篇专栏评论此事，专栏的标题是一声悠长的叹息——《可惜了，科龙》。

好在，科龙的故事并未就此结束——如果它就此结束，也就不会有蓝狮子今天的工作。在兵败如山倒的危局之中，海信控股科龙最终成了扭转战局的"胜负手"。这家以黑电起家的山东企业当年的销售额已三四倍于科龙，却因行止低调而被媒体误读为"蛇吞象"。在一片救亡图存的肃杀之气中，颇有军旅之风的海信精兵尽出，双管齐下，一边商谈收购，一边托管业务。与顾雏军天马行空的资本大迷局相比，海信低头"结硬寨、打呆仗"，开足马力造血，全力接续枯竭的现金流，使科龙从休克中复苏。

重组之后的海信科龙，变成了一家继承科龙血脉、嵌入海信基因的全新企业。自此开始，它忽然远离了舆论的喧嚣，避开了镁光灯的追逐，一边缓步消化历史遗留问题，一边耐下性子重塑管理流程、提升制造水平、追赶标杆企业。13年过去，海信科龙（如今已易名为"海信家电"）在悄无声息之间，从一家官司缠身、资不抵债的"烂"公司重返白电行业第一梯队，销售额增长了近300%。

只不过，对于财经观察者来说，海信家电的成功似乎缺少了宏大叙事中常见的那种波澜壮阔之感。它的成就既不是来源于激动人心的战略转折，也不是来源于光彩夺目的外延并购，它所做的，只是回归商业的本质——用合理的成本组织生产，再用合理的价格将产品尽快销售出去；它所做的，只是回归制造业的本质——钉是钉，铆是铆，做好一点，再做好一点。于是，一切细水长流，水滴石穿。

也正因此，我的创作团队在进入海信家电之初，多少显得有些困惑。他们说，比起曾经那个呼啸于行业之巅，继而大起大落、屡发巨声的科龙，现在的海信家电是如此的中规中矩，实在难以担当伟大戏剧中的主角。

不过随即，他们又自我安慰地补充道："或许，对于一家企业来说，没有故事反而是好故事。"

（二）

容声当然不是一个没有故事的品牌，恰恰相反，它的故事源远流长。

1983年，中国尚处于改革开放之初的启蒙年代。初春方至，乍暖还寒，冰河刚刚解冻，万物始有复苏之相，虫豸杂鸣却无共声。在一片轻微的骚动之中，容声从泥土里钻了出来。

"从泥土里钻出来"不只是一个比喻，这恰恰是容声的真实写照。和容声同时代的知名冰箱企业，多以直接引进国外成套生产线为起点；唯有容声，它的第一台电冰箱，是一个叫作潘宁的基层干部，领着十几个普通的乡镇企业工人，利用简易的工具和检测仪器手工打造出来的。电冰箱在当时是货真价实的高科技产品，没有多少人相信这群"土老帽"能造冰箱，唯其如此，成功才显得难能可贵。

然而，造出电冰箱的珠江冰箱厂（科龙电器前身）仍然是一个"土得掉渣"的乡镇企业。在当时森严的等级序列和僵硬的销售体系下，乡镇企业多被视为异类，容声冰箱在倨傲的国营卖场面前，不出所料地被怀疑和鄙弃。但第一代容声人凛然无惧地面对市场竞争，并拿出了三个法宝。

第一个法宝是"高质量"。在那个大家电极为短缺、产品常常需要凭"条子"供应的年代，容声是少数几个最早诞生质量意识的品牌，质量管理全面且严格，出厂合格率始终保持在很高水平。容声冰箱的质量口碑使其能够泰然自若地穿越宏观周期波动，市场份额始终保持行业领先。

第二个法宝是"强广告"。在品牌意识、广告意识尚处萌芽阶段的上世纪80年代，容声冰箱即邀请香港著名艺人汪明荃代言，随后，"容声容声，质量保证"的广告语传遍大江南北，成为一代人的共同记忆。中国企业大规模的广告营销战在90年代中期才上演，而容声几乎领先了10年。

第三个法宝是"新技术"。在业绩井喷、利润积累丰厚之后，潘宁这一代人并没有躺在功劳簿上睡大觉，而是不惜重金投入，在全世界范围内考察先进设备、先进技术，博采众长，为己所用。90年代中期，科龙不但在日本设立了专门的技术研究中心，而且在制冷剂工艺上取得了突破性的进展，容声牌的无氟冰箱甚至被联合国大厦收藏。

这三个法宝，造就了那一代"中国制造"中罕有匹敌的标杆，给容声品牌带来了巨大的财富。这笔财富是当期的：容声冰箱在整个90年代，始终处于行业前二的位置，并成了科龙旗下最有市场竞争力、盈利能力最强的产品。这笔财富更是惠及后世的：即使是在最为动荡的年代，容声冰箱始终保持盈利，其对利润和现金流的贡献，是科龙得以度过死亡考验的重要原因之一。

（三）

老故事有老故事的动人之处，但走过35年的岁月，容声必须要讲出它的新故事了。

新故事的背景音乐并不悠扬。在担当了多年的"世界工厂"之后，中国制造的危机扑面而来。

在供给端，"中国制造"赖以横扫全球的成本优势正在消失殆尽，无论是劳动力、土地还是原材料，其价格都在节节攀升。从长三角到珠三角，大量制造商持续关闭工厂，要么彻底歇业，要么向东南亚转移。

在需求端，国内市场容量的天花板已若隐若现，而更加严峻、频繁的贸易摩擦则给外贸这个产能消化途径蒙上了浓重的阴影。

细化到家电产业，如果从商品的绝对数量来看，家电业的供需关系早已逆转，这个曾经前景广阔的"蓝海"，已经成了杀声震天、血流成河的"红海"。

世界沧桑巨变，有人哀叹："上帝要惩罚谁，就叫他去做制造业。"

事实果真如此么？

容声并不相信这一点。这个已经年届35岁的"老"品牌，在"科龙风波"中一度跌出市场前十的位置，此后却以几年一个台阶的方式稳步回升，如今已经基本坐稳了冰箱行业前二。此外，它旗下的品类也已大大扩展，囊括了冰箱、冷柜、洗衣机等一系列白色家电产品。

细究海信"再造容声"的方法，在某些方面与先贤一脉相承。譬如，海信的进入，改变了顾氏科龙后期出现的"重营销，轻制造"的倾向。海信集团的灵魂人物周厚健屡次强调，海信的根基在制造业，须坚持"技术立企"，在质量管理上则要牢记"质量不能使企业一荣俱荣，却足以让企业一损俱损"。在这种氛围下，容声"质量取胜"的品牌内核重新得到夯实与强化。

在某些方面，后人则更超越了前人。譬如，科龙时代的海外销售主要以贴牌的方式完成，赚取的是代工费的微利；到了海信时代，海信家电坚持以自主品牌走向世界，在南非、日本、澳大利亚等多个市场取得领先，并在国际顶级赛事上屡次现身，真正成为全球化的品牌。

甚至，对于"产品"的理解，也早已今非昔比。海信家电的一位研发人员告诉我们，中国的冰箱产品初始跟随于欧洲，继而效仿于日韩，产品规划多模仿而少原创；但在三四年前，容声冰箱已经不再追踪国外市场，转而研究目标用户的痛点，根据用户需求反推设计。他信手举例道："传统的冰箱门上一般采用带褶皱的封边，起到缓冲与密闭的作用，但在中国厨房的油烟环境下，容易积油落灰，难以清理。海信的研发人员根据这一痛点，在封边的外部加套了一个平面的裙边，既不易藏污纳垢，也方便主妇们清洁。"

给封边加个"外套"，这是一个很小的创新，小到多数人很容易将它忽略，小到多年来没有人想到这样去做。但容声着眼去看，着手去做了。它背后所隐含的概念是，容声已经不只是在制造"经用"的产品，更是在制造"好用"的产品。正如海信集团常务副总裁贾少谦在一封公开信中所指出的那样，"家电的本质是家"，家电业的真正使命，是营造美好的生活方式。

而人们对美好生活的向往，是永远不会断绝的。

2015年，我写了一篇名为《去日本买只马桶盖》的专栏文章，文中提到了传统制造业的痛苦与彷徨，也谈及了中产崛起与消费升级。这篇文章是我在飞机上用两个小时的时间草草写就的，但它在一天内迎来了100多万的点击量和汹涌无尽的留言，这里面蕴含着人们对"中国制造"所有的关切、焦虑和期待。

在那篇文章的收尾，我这样表达自己的期望："'中国制造'的明天，并不在他处，而仅仅在于——能否做出打动人心的产品，让我们的中产家庭不必越洋去买马桶盖。"

如今，类似容声这样的品牌，正走在这样的道路上。这样的道路绝不平坦，非攥裂手指、咬碎牙根不能抵达，但只有走上去了，才有希望。

从制造产品，到制造持续贴近消费者需求的好产品，中国制造转型升级的所有秘密，其本质不过如此。当历史与未来相连，我们才能看到中国制造的完整故事，这也是容声35年带给我们的最大启示。

引子　跨越万水千山

"莫说青山多障碍/风也急风也劲/白云过山峰也可传情/莫说水中多变幻/水也清水也静/柔情似水爱共永/未怕罡风吹散了热爱/万水千山总是情/聚散也有天注定/不怨天不怨命/但求有山水共作证……"

2017年4月13日，北京万达索菲特酒店的上空，一曲隽永而迷人的《万水千山总是情》绕梁不绝，引人驻足。在热烈的鼓掌声中，已经离开演艺圈许久的著名艺人"阿姐"汪明荃款款登台，向观众致意。这位年近七旬的香港TVB"一姐"，曾以出演电视剧《万水千山总是情》及演唱同名歌曲而风靡中国，成为上世纪八九十年代的全民偶像。但是，汪明荃并非当天唯一的主角，和她一同出现在台上的，还有另一位笑容甜美、身形优雅的靓丽女星。这位名叫高丽雯的90后女星，是知名女演员王姬之女。尽管她进入演艺圈的时间尚且不久，但已经出演过《少帅》《我的仨妈俩爸》《女兵突击》等多部电视剧，并以其清丽的外表、出色的演技征服了万千观众，是一颗冉冉升起的新星。

出人意料的是，使这两位跨越代际的女明星同台现身的，并不是某个影视剧组或综艺节目，而是一个知名的家电品牌——容声。自1983年手工打造出中国第一台双门双温冰箱开始，到这一天，容声已经深耕白电行业近34年，形成了以冰箱产品为主，囊括冰箱、冷柜、洗衣机等白色家电全系列产品的"容声集群"。在这一天，作为中国家电行业历史最为悠久的品牌之一，容声以一长一少两位代言人的交接，令全社会见证了容声品牌跨越卅载的精神传承。

汪明荃与容声的缘分由来已久。早在1988年，在国产品牌尚且"土得掉渣"，缺乏系统的品牌营销意识时，容声就首开邀请港台明星拍广告之先河，与当时炙手可热的汪明荃签约合作。不过，与后世那些为了营销造势而无度夸张的广告相比，容声的这个广告却极为朴素，其中被广为传扬的一句话，是听来朴实无华又朗朗上口的"容声容声，质量保证"。据说，后来有一位国家领导人在视察容声时，就脱口说出了这句广告语，其影响力可见一斑。

容声的这则广告是营销史上的一个成功案例，但它又并不只是一种吹嘘式的宣传。容声当时的掌舵人，为容声冰箱的发展定下了"质量取胜，创立名牌"的方略，在尚以产量论英雄的家电业蓝海时代，创见性地提出了质量竞争的思路，并用平实的语言在广告中加以强调。事实上，"容声容声，质量保证"之所以深入人心，固然有代言人明星效应的影响，但也有赖于容声冰箱在用户中建立起来的优秀口碑。在容声冰箱诞生30周年的2013年，当容声营销团队发起"寻找老用户"的活动时，全国各地都发现了许多超过20年仍在正常工作的老容声冰箱，这大大超过了家电产品的正常寿命。可见，容声冰箱的质量标签所言非虚。

高丽雯与容声的缘分则刚刚开始。在三十多年的漫长岁月中，容声品牌的运营者——广东科龙公司屡经跌宕，一度身临绝境，最后，来自青岛的海信成为容声品牌的继承者。同样笃信技术与质量，提出了质量管理"七条军规"的海信，在细化财务、做实经营之后，终于将负债累累、严重失血的科龙挽救回来，并再次擦亮容声品牌，使容声冰箱的市场占有率重回全国前二。2017年，雄心勃勃的容声品牌在强调质量内核的同时，也针对未来发展趋势，启动了品牌的年轻化战略，而签约高丽雯正是战略中的一环。尽管现阶段的高丽雯还算不上大红大紫，但她作为家教严格、有海外留学背景的"女神"级新星，气质出众，经历纯净，言行诚实，与"自信、优雅、具有亲和力"而且"诚实、可靠"的容声品牌定位高度贴合，完美地展现出了容声面向未来的新形象。鉴于此，容声品牌向她发出了郑重的邀请，请她从汪明荃手中接过沉甸甸的"接力棒"。

发布会在签约仪式中达到了高潮。在优美的音乐声中，时任海信集团副总裁、海信科龙总裁贾少谦向汪明荃授予了"容声品牌终身荣誉大使"称号，海信冰箱公司副总经理曾庆全则代表容声与高丽雯正式签约。台上人言笑晏晏，而在台下，媒体的长枪短炮已经亮成了一片。在光影的交织中，在熟悉的乐曲声中，人们仿佛感受到了时光的穿梭变换。恍惚之间，"容声容声，质量保证"的清亮口号，似乎正穿过漫长岁月，跨越万水千山，扑面而来……

第一部

希望的田野

第一章　创世纪

世上没有一个伟大的业绩，是由事事都求稳操胜券的犹豫不决者创造的。

——托马斯·艾略特（英国诗人、剧作家）

混沌初开

当"容声容声，质量保证"的广告语响彻华夏大地，当人们津津乐道于容声冰箱的质量过硬时，甚少有人想到，这样一个风靡全国的金牌产品，其创造者既不是实力雄厚的国营大厂，也不是声名显赫的外资企业，而是一家由三个经营状况堪忧的小厂拼凑而成的、微不足道的乡镇企业。

让我们顺着历史的长河向上游追溯，然后将脚步停留在20世纪80年代初的广东。此时的广东正处于巨变的前夜：一方面，"改革开放""经济特区"等一系列前所未闻的新词汇不断出现在官方媒体的语言中，严密而庞然的计划经济体制正陆续漏出罅隙，这让那些嗅觉最为灵敏的人们开始躁动。尽管很少有人能搞得清楚，这些后来演变得极为宏阔的词汇在当时的真实含义是什么，因而那些躁动不免显得有些急切而迷茫。另一方面，陈旧制度的惯性并没有因为新观念的提出而倏然消失，对于广东、福建等沿海省份的开放举动，批判质疑之声从未断绝，有内陆官员在参观完深圳之后，批评"特区除了国旗是红色的以外，已经没有社会主义的味道了"，有人甚至警告"广东这样发展下去不出三个月就得垮台"。力主推动改革开放的时任广东省委第一书记任仲夷后来坦承："广东杀开一条血路，要承受巨大的压力。当时广东改革开放既要探索，又要面对一些不解甚至指责……若非邓公支持，我早就过不了关了。"

在广东，除了引人注目的经济特区深圳和珠海，另一个小小的农业县——佛山地区下辖的顺德县，即将一跃而起，成为接下来的大发展中最为光彩夺目的主角之一。1987年，新华社广东分社记者王志纲等人在经过一番调研之后，写出了一篇颇有影响力的报道《广东跃起四小虎》，将顺德、南海、中山、东莞四个产业发展最为迅猛、经济活力最强的县级市并称为"四小虎"，而其中顺德最受推崇，被看作是"四小虎"之首。当时，顺德提出以"三个为主"（即以公有制经济为主、以工业为主、以骨干企业为主）的方式发展乡镇企业，以区区一县之力，在全国10大乡镇企业中占据了半壁河山，贡献了堪与"苏南模式""温州模式"相提并论的"顺德模式"。

然而，在混沌初开之时，一切都是平的。80年代初的顺德并没有表现出雄霸全国的天赋，那些日后叱咤风云的力量，此时无一不在泥土中默然生长：在顺德北部的北滘镇，一家叫作

"顺德县北滘公社电器厂"的社队企业刚刚通过给国有企业做配件加工，尝试性地进入电风扇生产行业。电风扇的牌子最初叫"明珠"，随后改成了一个看起来有些奇怪但念起来却很上口的名字"美的"。在顺德县城，当地的二轻工业局体系中只有几家塑料厂、制衣厂和五金厂，经营业绩平平无奇。在数年后，它们将被重组成顺德县二轻工业总公司，并凭借一个燃气热水器项目打开局面，这款热水器有一个讨人喜欢的名字"万家乐"。在顺德南部的桂州镇，一家名叫桂州羽绒厂的乡镇企业从河边的荒滩上建立起来，当时它的主要业务是以手工洗涤鹅鸭羽毛供外贸单位出口。10年之后，它的创始人决定进入微波炉行业，并把公司的名称改成更为洋气的"格兰仕"。

尚未展露锋芒的平凡之中，仍然有一些事情隐隐透射出顺德人的不凡。在1978年8月，也就是著名的十一届三中全会召开4个月前，位于顺德南部的容奇镇上，一家名叫容奇镇制衣厂的小厂落成了。它的特殊之处在于，这家厂子不是传统意义上的国有企业或集体企业，而是容奇镇与港商合作组建、专门从事"三来一补"[1]业务的企业，工厂资金、设备、技术、管理人员、原材料、订单全部来自香港厂家，容奇镇只负责提供厂房和劳动力。在中央尚未定调之前，这是一个在政治上不无危险的举动，顺德人的"闯劲"由此可见一斑。

本部企业史的主角——容声冰箱，就诞生在这样的土壤里。在20世纪80年代初，容奇镇虽然已开始大力发展工业，但

[1] "三来一补"指来料加工、来样加工、来件装配和补偿贸易，是中国大陆在改革开放初期尝试性地创立的一种企业贸易形式。

其工业化程度和经济发展水平仍然十分落后，与顺德的其他乡镇或珠三角的其他县域相比，并无本质区别。在容奇镇上，仅有一些设备简陋、产品低档的小型工业企业，由于技术含量低，毫无竞争力可言，因而经常处于产品滞销、生存困难的尴尬境地。1983年，镇领导决定将濒临倒闭的容奇味精厂和容奇镇第二机械厂并入效益较好的容声家用电器厂——后者曾经以制造收录机及其元器件而闻名，并因此创出了"容声"（意即"容奇之声"）品牌，不过在当时，它的拳头产品已经变成了容声牌电饭锅。由于外形美观、质量过硬，容声牌电饭锅内销和出口的效益都还不错。但近忧虽解，犹有远虑：电饭锅、收录机等小家电的市场需求正在日趋饱和，如果找不到新的出路，则其未来几年的衰落也是可以预见的。

在这一背景下，由主管工业的副镇长胡兆群牵头，镇工业交通办公室副主任潘宁、容声电器厂厂长兼党支部书记梁添贵、容声电器厂副厂长陈福兴等人踏上了北上的列车，希望通过市场调研的手段，找到突破困境的方法。经过一个多月的调研，调研组得出了一个结论："电冰箱是一个具有广阔发展前景的家电产品。"理由是"世界发达国家家庭的冰箱普及率已高达88%~98%，而中国有10亿多人口，随着改革开放、经济发展，生活水平有了很大的提高，对电冰箱的需求也逐渐加大。但国产电冰箱自1956年诞生以来，到改革开放以前的22年间，全国只累计生产了15万台，1979年全国冰箱产量仅3万余台，而且是档次较低的单门冰箱，远远满足不了广大消费者的迫切需求。根据'市场=购买力×需求'的原理，国内电冰箱市场将极为广阔"。[1]

时代的抉择

调研组的判断无疑是准确的。十一届三中全会所确定的"以经济建设为中心"的基本路线，固然不可能让这个庞大国家在转瞬间走上高速发展的道路，但在过去几年，曾经被视为洪水猛兽的私营经济和计划外的商品贸易正在公开出现。尽管关于新现象"姓社姓资"的争议反复不断，但国家对此的态度不再铁板一块，这使得民间经济的活力像钻透石板的野草一样疯长，私人财富的积累开始出现并被承认。此外，当权力中心主动拆除民众思想中禁锢已久的枷锁，人们对于物质生活的向往不再被公开唾弃，压抑已久的需求便自然而然地喷涌出来。几年以前，新婚家庭的"三大件"是自行车、缝纫机、手表，而现在则变成了"新三大件"——电视机、洗衣机和电冰箱，人们对于美好生活的向往，几乎都凝聚在这三种大家电当中。然而，到1982年底，全国电视机的总产量是近600万台，洗衣机的总产量是250万台，电冰箱的总产量是10万台。这些数字相比从前已经是巨大的进步，但比起中国潜在的需求量来说，实在是不值一提。

事实上，如果把目光跳脱出顺德一隅，转而回望整个中国商业史的话，人们会惊讶地发现，日后那些最为著名的国产电

---

[1] 王玉森,侯伦.跨世纪的歌：广东科龙集团公司发展史 [M]. 北京：改革出版社,1997 年版.

冰箱品牌，多起步于1983年。恰如奥地利作家斯蒂芬·茨威格在他的名著《人类群星闪耀时》所说的那样："无比丰富的事件集中发生在极短的时间里，一如整个太空的电聚集于避雷针的尖端。平素缓慢地先后或平行发生的事件，凝聚到决定一切的唯一的瞬间。"对于国产电冰箱而言，这个"唯一的瞬间"可能正是1983年。

在黄海之滨的山东青岛，由于此前所生产的白鹤牌洗衣机因质量问题被淘汰，青岛日用电器厂正面临着生死存亡的考验。这一年的10月，在上级的指令下，青岛日用电器厂开始着手进行电冰箱的国内市场考察及生产的准备工作，并于次年的1月1日正式启用"青岛电冰箱总厂"的名称。在日后，它将拥有一个更加广为人知的名字"海尔"。

在地处内陆的河南新乡，一家小型地方军工企业——新乡无线电设备厂在这一年迎来了它发展历程上最重要的一位厂长。这个名叫刘炳银的新厂长上任之后，为了拯救处于危难之中的企业，决定转产白电项目。次年，更换了厂名的"新乡电冰箱厂"上马了自己的电冰箱生产线，由于引进的冰箱生产技术来源于荷兰飞利浦，因此品牌的名称被确定为"新飞"。

在另一个内陆城市安徽合肥发生的故事几乎是新飞的翻版。这一年，合肥市第二轻工机械厂也迎来了一位新厂长。新厂长张巨声做出了和刘炳银一样的决定——转产电冰箱。次年，合肥二轻的第一台冰箱正式下线。为了表达"美过三菱"的愿望，张巨声给新冰箱取的名字就叫"美菱"。

日后，在国产冰箱全盛的90年代，容声冰箱与前述三个品牌的合计市场占有率超过70%，远远盖过伊莱克斯、西门子、惠而浦、LG等国际豪强，国产冰箱"四大家族"的称号由此不胫而走。

"四大家族"全数启程于1983年，与其说是一个有趣的巧合，不如说是这个时代做出的抉择。当外部条件逐渐成熟，有为者自可以抓住机遇，脱颖而出。从这个角度来说，容奇镇政府和潘宁、陈福兴们并非"独具慧眼"，而只是勇于抓住时代所递上的这根"橄榄枝"。但是，如果转换一个观察角度，看到进入或准备进入冰箱行业的创业者成千上万，但最终功成者寥寥这个事实，我们便不得不对容声冰箱的创造者们抱以虔诚的敬意。"想到"与"得到"之间，始终还有一个"做到"，而"做到"这两个普通汉字的背后，则是一言难尽的艰难困苦。

于是，对于容奇镇而言，现在的问题就变得既简单又困难："想到"是"想到"了，但指派谁来"做到"呢？

不可能的任务

这个问题之所以困难，是因为在当时的条件下，电冰箱产业属于标准的技术密集、资本密集型产业。从技术上说，电冰箱至少包含制冷、保温两个核心功能，涉及复杂的制冷、发泡、制塑、电控等技术，需要集合压缩机、冷凝器、膨胀阀、蒸发器等稀缺的重要组件，生产流程长，工艺复杂，属于国家级检验产品。从资本上说，当时冰箱产业的配套产业还很不成熟，国内原材料供应有限，需要以进口的方式采购；国内也没有成套的设备生产线，而要想从国外引进一条年产量数万台的成熟生产线，则动辄需要花费数千万元（这还没有考虑外汇配额的问题），这在国穷民贫的80年代初，着实是一笔令人咂舌的巨款。当时冰箱行业最著名的两个厂家北京雪花和广州万宝，以及与容奇镇同时起步的青岛、新乡、合肥几家电冰箱厂，清一色均属国有背景，有市级政府这个"婆婆"倾力支持，都以引入国外生产线的方式开始电冰箱生产。但容奇只是顺德县下辖的一个小小乡镇，断然无力挑起这样沉重的担子。

因而，开发和生产电冰箱，看起来成了一个"不可能的任务"。也正因此，当镇领导翻开花名册"点将"之时，其他备选人员知难而退，摆手婉拒了任命。最后，行伍出身、颇具"革命乐观主义精神"的潘宁主动接过了军令状。1983年5月，容奇镇冰箱厂筹建组成立，潘宁任组长；下设冰箱试制组，组员是从三厂合并的人员中挑选出的19人，陈福兴任组长。"不可能的任务"正式启动了。

时年已经46岁的潘宁踌躇满志地上任了，他面对的是一个光荣伟大的目标和一穷二白的现状。像其他国营冰箱厂一样直接引进成套流水线是不可能的，先不说镇里拿不出几千万元，就算通过银行贷款等方式凑齐，谁敢保证生产出来的产品一定能在市场上取得好的销售业绩？万一有所闪失，全镇的老百姓都要背上重债，谁负得起这个责任呢？潘宁和陈福兴、王国端等创业元老反复商量，最终拿出一个方案：先向镇里申请9万元试制费，自己尝试研制冰箱，如果能够试制成功，再考虑建厂。

对于镇里来说，这当然是一个风险较小、负担不重的方案，因此，方案很快就被批准，9万元试制费也拨付了下来。钱的问题勉强解决了，但接下来还有一个致命的拦路虎横在19个人的面前：以现有的人员结构来看，他们的电冰箱制造经验为零。

潘宁本人只有中学文化水平，从未接触过冰箱制造，对此可谓是一窍不通；试制组中也缺少专业技术人才，只有一名铸造专业工程师、一名机械专业技术员和一名机械专业大学生。以这样的技术、人才储备去研发电冰箱，无异于痴人说梦。

当过军人的潘宁在此刻展现出了在统筹调度方面的伟大天分。他将试制组分成了四队：第一队是两名技术人员，他们被派往西安交通大学学习制冷技术；第二队前往全国各地进一步调查消费者对于电冰箱的消费意向；第三队集中调查冰箱行业的新技术、新设备、新工艺、新材料的发展趋势，调查竞争者的基本情况，特别是想办法买来国内外各种型号的冰箱作为样机进行拆解，实施"逆向研发"；而第四队则被派去全国各地的电冰箱厂参观，"拜师学艺"，当学生。

一番苦功做下来，前三队各有收获。技术人员对制冷方法有了系统的了解，后来还将西安交大的教授请到容奇镇上给整个团队上课；市场调查人员注意到消费者对于冰箱有日用品和装饰品的双重需求，帮助试制组确定了以大小适宜、外形美观的双门双温103升电冰箱为开发对象；逆向研发团队则对冰箱的基本构造与各生产厂家的优劣势有了直观的认识。

相较而言，第四队的经历却要曲折得多。为了表达对"老师"们的尊重，潘宁和陈福兴亲自带领着这一队人马，前往各地拜师。中国有一句古话叫作"同行是冤家"，同行之间为了争夺饭食，互相提防甚至算计、拆台乃是常事，极少愿意做"教会徒弟，饿死师傅"的"蠢事"。因而，在出发之前，潘宁们对可能遭到的冷遇也做好了充分的心理准备。即便如此，"取经"路上发生的种种令人啼笑皆非的曲折故事，还是超出了他们的想象。

按照由近及远的原则，这一队人马首先赶赴省内各家电冰箱厂，上门求教。结果不出意料，强烈的竞争意识让这些厂对潘宁们的上门表现出很大的戒心，纷纷选择闭门谢客。其中一家大厂，负责接待他们的是一位小职员。结果他听完潘宁等人的来意之后，眉头一皱，连领导都没有请示，就将他们"请"了出去。

敲不开邻居们的大门，"拜师小队"并未气馁，转而坐车北上，另寻高明。在华东一家大厂，"拜师小队"受到了前所未有的款待。主人将他们请到接待室中，又是热情寒暄，又是奉上茶食，令人不由产生宾至如归之感。然而，热情招待过后，当潘宁、陈福兴们提出学习技术、参观厂房的要求后，对方便开始"顾左右而言他"了。双方枯坐一阵，对方见潘宁一行没有知难而退的意思，只好开口说："这样，我们的旧车间已经落后了，不值得看，我还是带你们看看我们的新车间吧！"这番话说得潘宁一行喜笑颜开。可到了现场一看，原来是一片施工的空地，不要说机器设备了，连厂房都还在"轰轰"地打着地基呢！潘宁一行这才明白，对方是在以一种幽默而体面的方式，表达回绝的意思。

三番两次受挫，"拜师小队"还是不打算放弃。南方找不到"师父"，北方找不找得到呢？潘宁和陈福兴继续带队北上。一路上，两人商量道："要是再不让'拜'，咱们就换个方法再试一试，比方说'偷'。"

一行人风尘仆仆地直上京华，敲开了一家大厂的门。大概是看到潘宁等人千里迢迢赶路的不易，又念及容奇既远且小，不至于对自己构成什么威胁，这位主人欣然允诺带潘宁一行参观厂房。但出于对商业机密的保护，他最终还是婉拒了他们留下来学习技术的请求。不过，对于潘宁、陈福兴等人来说，这就已经够了。一路上，潘宁一边四处参观，一边刨根问底；一旁的陈福兴则少言寡语，只是将所见到的设备和操作流程一一默记于心。参观结束之后，潘宁一行终于心满意足地离开了。尽管受客观条件的制约，潘宁计划中的"拜师"不得已成了"偷师"，但"拜师小队"的目的总算是达到了。

庶民的胜利

北上"求学"的一路上，试制组组长陈福兴四处搜罗制冷技术书籍，如饥似渴地吸收其中的要点，加上在京师大厂的"求学"经历，他心中对于应该如何试制冰箱产品已经有了通盘的认识。回到容奇，胸中有丘壑的陈福兴立刻组织人手做出双门双温103升电冰箱的设计方案，然后将手下人分成五组，对几个关键部分各自展开攻关。

在技术陈旧落后的1983年，利用电脑进行设计是一件天方夜谭的事，因此，整个设计工作都必须运用纸笔来手工完成。

手工作图一是耗时费力，二是容易发生偏误。再加上想要开发的产品缺少现成的样机可供参照，因此在实践中发现问题再返工调整实是常事，其中辛苦非寥寥数语所能剖明。

更大的困难还在后面。由于经费有限，试制组是"小米加步枪"的配置，工作场所是一个临时搭建的简易工棚，条件艰苦。负责发泡技术攻关、后来做到技术副总裁的黄小池，当时还是一个孕妇，一样和众人同甘共苦，毫无怨言。

工作环境不佳尚能克服，但更大的问题是，试制组既没有成套设备也没有模具，除了核心部件可以采购得来，绝大多数制造与组装工序，都必须借用简陋的工具来徒手完成，譬如使用手锤、手锉进行箱体打造，借助折弯机进行翻边折弯等，检测仪器也是最常见的简易万能表、温度计等。

在试制过程中，遇到过几乎难以跨越的障碍。在制作塑料内胆时，由于自制的真空拉塑机质量不过关，塑料内胆总是无法成型，攻关小组想尽种种办法，最后总是以失败告终。试制组组长陈福兴被这头拦路虎激起了倔脾气，亲自将这个重担挑了起来，还对潘宁立下了军令状：要是造不出一个能用的塑料内胆，我就不出车间大门了！

陈福兴的这句话可不是说说而已。第一天，他一头扎进车间里，埋头研究塑料内胆的制作方法，硬是一口气干了个通宵。此时的陈福兴已经45岁，并非精力旺盛的年轻人，这一顿苦熬，着实累得够呛。第二天，当潘宁看到眼圈发黑、形容憔悴的陈福兴，不禁吃了一惊，脱口而出道："陈福兴啊，你现在五病缠身，还是回去休息休息吧！"陈福兴不肯妥协，一口回绝道："我现在只有一种病，着急的病！"潘宁拗不过他，只好作罢。

经过连续58个小时的反复试验，到第三天下午，陈福兴终于做出了一个完整能用的塑料内胆。大家得知这个好消息后，都是一片欢腾，而此时的陈福兴已经面无人色、满眼血丝，几乎站不起来了。

就是凭着这样一股不屈不挠的劲头，几个技术难点被各个击破。到了组装完成那一天，人家亲眼看着一台双门冰箱矗立在众人的面前。虽然外观简朴，但它毕竟已经从图纸变成了现实，这不能不令人心潮澎湃。不过，光组装完成还不算什么，关键问题是，这台冰箱能用吗？陈福兴不紧不慢地插上电源，派人买来了10瓶玻璃瓶装的汽水，放进了冷冻室，又将一支玻璃温度计放入其中。随后，全体休假，各自回家，只等最后的谜底揭晓。

第二天上班，试制组所有成员都早早地赶到车间，眼巴巴地望着这台寄托着全体工作人员希望的电冰箱。陈福兴上前拉开冷冻室的门，只见一股白色的冷雾向外喷涌出来。等到雾气渐淡，大家定睛一看，不禁惊呼连连：原来，经过一夜制冷，冷冻室内的10个汽水瓶早已被冻裂，碎玻璃片和汽水结成的冰横七竖八地躺满了冷冻室。再一看温度计，温度竟然低达零下18摄氏度！

转眼之间，惊呼声就变成了欢呼声，大家心中一直残存的那丝疑虑一下子飞到了九霄云外。在场人员无不激动万分，又叫又跳："成功了！我们成功了！"

对于容声冰箱而言，这是一个"创世纪"般的瞬间。1983年9月，缺少资金、没有设备、场地简陋、人才匮乏的容奇镇冰箱试制组，以逢山开路、遇水搭桥的勇气，手工打造出了我国第一台双门双温露背式冰箱。后来，为了体现对容声品牌的传承，该型号的冰箱被定名为容声牌BYD-103电冰箱，容声品牌的第一个冰箱型号就此问世。

回顾这段历史，最让人感慨的无疑是这样一个事实，即容声冰箱的诞生几乎可以称之为一个"奇迹"：孕育它的土壤，不是高高在上、权力与资源富集的大城市，而是一个地处偏远的小乡镇；创造它的人们，没有显赫的学历，更无丰富的经验，几乎只是一群"散兵游勇"；支持它的资源，并非国家的雄厚资本，也非外国的先进技术，而只是一个乡镇政府从有限经费中拨出的9万元，以及一种无所畏惧、迎难而上的草根精神。"容声"并非天生贵胄，它滋养于泥土之中，踏实地吸收最淳朴的养分，在天光不可见处露出嫩芽，然后吸风饮露，勃然兴起，以横空出世之姿，发黄钟大吕之音，遂在伟大时代的交响曲中，唱出了动人心魄的绝响。

那么容声的诞生真的只能归结为是一种偶然的奇迹吗？又不尽然如此。当自上而下的力量认清自己并非全知全能的现实，而渐渐拆去它既管制又呵护的巨幕，则那些原本沉睡于土壤之中的精灵便嗅到了阳光、空气和雨水的味道。它们从中获得能量，也被迫抵抗大自然无常的灾害袭扰，但几轮春秋之后，它们当中最聪敏果敢的，已经枝繁叶茂、苗壮生长。在过去的四十年中，我们已经看过太多的"成长的精灵"，正是它们共同促成了这个时代的繁华。

因而，容声冰箱的胜利，是时代的胜利，其实亦是"庶民的胜利"。当春天来到，万物生长，适逢其会，这正是容声的幸运所在。

第二章　异军突起

质量是维护顾客忠诚的最好保证。

——杰克·韦尔奇（美国通用电气传奇总裁）

平地起风雷

造冰箱这个"不可能的任务"在潘宁和他的团队手中竟被攻克，特别是试制品得到广州市商检局"产品合格"的检验结论之后，容奇镇政府大受鼓舞，当即再次拨付财政资金40万元，并帮助冰箱厂筹建组向银行贷款400万元，开始建设冰箱厂。1983年12月，在容奇镇第二机械厂的原址之上，总投资460多万元、建筑面积共7000平方米的冰箱厂一期基建工程上马了。在筹建组全体员工的艰苦努力之下，仅仅10个月之后，一期工程便宣告顺利竣工并正式投产。1984年10月28日，在震耳欲聋的鞭炮声中，"广东省顺德珠江冰箱厂"正式挂牌成立，烫金大字在阳光下灿然生辉，整个容奇镇为之沸腾。

　　值得一提的是，由于建厂时所投入的原始资本全部来源于容奇镇政府，因而，珠江冰箱厂从诞生之初便是一个百分之百的集体所有制企业。在市场经济萌芽刚刚冒头的80年代，股份制企业还是一个尚未出现的概念，个人无法在公有制企业中占有股份，即使是潘宁、陈福兴这样的创业元老，其身份也只是企业的雇员，所能领取的不过是微薄而固定的薪酬。尽管如此，创业者们并未因为权责利的不对等而心生懈怠或心存怨愤。在一穷二白的天地中，他们被创造新世界的伟大梦想所鼓舞，以致个人的荣辱得失倒成了较为次要的问题。而从另一个角度来看，在普遍贫穷的当年，人们通常并不会将高度不确定的未来利益的分配方式放在心上，但时移世易，当物质文明极大繁荣、贫富差距普遍呈现之后，巨大利益的分配问题就变得敏感而尖锐起来。于是，产权问题就这样不动声色地潜伏在珠江冰箱厂前行的道路之上，未来，基于此而生发出来的一系列问题，将把它一步步推到悬崖边上，并险些彻底终结容声的命运——当然，这已经是后话了。

　　随着珠江冰箱厂一期工程的落成，容声冰箱也告别了手工打造的历史，迎来了自己的第一条生产线。然而，和其他冰箱生产企业所引进的成套生产线相比，容声的这条生产线多少显得有些"寒酸"：除了一台聚氨酯高压发泡机和一台氟利昂灌注装置是进口的以外，其余涉及真空吸塑、喷涂、预装、总装等各道工序的设备均为国产；不仅设备有拼凑感，这条生产线也只能生产单一产品，即BYD-103型号的容声牌电冰箱，而年产能不过区区2万台，和进口生产线动辄二三十万台的生产能力相比，实有云泥之别。

不过，比起产能的相对落后，更令人焦心的则是产品的销售问题。尽管冰箱的潜在市场需求如同汪洋大海，但作为"源头活水"的容声冰箱想要到达大海，还需要打通万千"河流"——亦即销售渠道。令今人难以想象的是，这看似"水到渠成"的一步，在当时竟极为艰难。

困难的主要原因在于改革开放之初，整个社会的零售体系尚且羸弱而粗陋，且计划经济的僵化思维依然广泛存在。不同于今日的由网商平台、综合商场、家电卖场、品牌专卖店等丰富业态构成的立体渠道，彼时的家电销售几乎完全依赖于国营卖场，而国营卖场凭借其近乎垄断的行业地位，"门难进、脸难看、话难听、事难办"尚是常态。如果供货商同为"国字号"的大企业，卖场还会给三分面子，但若对方是"不入流"的乡镇企业、私营企业，则多半会报以冷眼。容声冰箱当年的处境，在一个小故事里展现得淋漓尽致：创业初期，潘宁有一次亲自跑到北京开拓市场，目标是北京最为著名的西单商场。在商场业务科里，一个年轻的小科员跷着二郎腿，不屑地将"珠江冰箱厂厂长"的名片扔在一边，冲口问道："容声是咋回事呀？是啥级别的？"潘宁认真地答道："我们是乡镇企业。"话音刚落，对方立刻不由分说地摆手逐客。

在西单商场发生的故事只是容声销售困境中的一个缩影，在成都、重庆等地，急于在全国开拓市场的容声冰箱，都遭到了类似的冷遇。然而，容声的创业者们并未因此而打退堂鼓。在坚冰一块的零售体系面前，他们积极运用参加展会、开拓低等级零售渠道（如小型的日杂商店）等方法，硬是实现了破冰，将容声冰箱打进了流通渠道。

容声冰箱一旦进入市场，则广阔的市场需求一下子显现出它的威力来：1984年，珠江冰箱厂一共生产电冰箱3000台，投放市场后很快便销售一空；到1985年，冰箱产量猛增至3万台，依然出现了供不应求的热销局面。容声的创业史，在它的起步阶段，就呈现出了令人欢欣的勃勃生机。

对于珠江冰箱厂而言，在1985年，另一个更大的喜讯传来了——在这一年，经国家经委批准，珠江冰箱厂成为国家认可的冰箱定点生产厂。

今人已经很难理解"定点生产"这样一个历史名词，但在由计划经济向市场经济转轨的80年代，这是国家在供给端实施宏观调控的常见举措。从1984年开始，此前一轮经济治理整顿工作开始让位于新的改革发展大浪潮，投资热潮汹涌澎湃，而轻工业的投资则成了重中之重。财经作家吴晓波在他的著作《激荡三十年》中曾这样记录："从上一年[1]开始，大量的生产线便开始陆续涌了进来。中国沿海无疑正在成为国际产业转移的下游地带，对于跨国公司和中国来说，这似乎都是一种明智的选择。成百上千条彩电线、冰箱线、洗衣机线和录像机线正夜以继日地抓紧安装。很快，中国家电业的"战国年代"就要到来了……根据《经济日报》的报道，这一年[2]在北京市场上受欢迎的冰箱品牌有广州的万宝、苏州的香雪海、嘉兴的

---

[1]　指 1984 年。
[2]　指 1985 年。

益友、天津的冰峰；洗衣机则有上海的水仙、广州的五羊、大连的波浪、杭州的金鱼、武汉的荷花、长春的君子兰、宝鸡的双鸥。它们是中国家电业的第一批名牌产品。无一例外的是，它们都是最早引进了国外生产线的国营企业。"[1]根据国家计委、经委、轻工业部的统计，到1984年底，全国生产和试制电冰箱的厂、点已达116个；已对外签订合同和正在对外洽谈的项目有56项，引进规模为1350万台，大大超过了750万台（至1990年）的预测总需求量。

从中央政府的角度来看，这无疑是又一轮经济过热的前兆。于是，中央政府开始以"点刹"的方式进行降温减速，具体的方法则是颇带计划经济色彩的"定点生产"：凡属定点厂，国家在生产资料方面（如进口压缩机）可以保障供应，在贷款、销售、广告方面也予以重点支持；对那些不能列入定点厂的生产厂家，则要求停产停业。尽管"支持定点，清理非定点"政策执行得时紧时松，价格双轨制[2]的存在也在事实上给非定点厂家的生存提供了一定的空间，但总的来说，国家政策的"保"和"压"，使"定点"内外成了天差地别的两个世界。

于是，能否列为定点生产厂，对于珠江冰箱厂来说，就成了性命攸关的大事。但客观条件并不乐观，首先，从产权性质

---

[1] 吴晓波. 激荡三十年：中国企业 1978—2008（上）[M]. 北京：中信出版社，2014 年版.

[2] 价格双轨制是指同种商品国家统一定价和市场调节价并存的价格管理制度，是中国经济从计划经济向市场经济转型过程中所采取的一种特殊制度安排。一方面，价格双轨制助长计划内外的倒买倒卖和权力寻租现象，造成腐败蔓延；但另一方面，通过两种价格的撞击反射，交叉推进，实现了价格形成机制由计划指令向市场调控的渐进式过渡。

来看，"定点厂"通常只授予国营企业，而珠江冰箱厂则不过是一家乡镇企业；其次，从产能规模来看，在1985年，珠江冰箱厂的产能不过约5万台，与动辄数十万台产能的各地国营厂相差甚远。况且，在珠江冰箱厂短短一两年的历史中，就发生过数次被上级部门怀疑和否定的事件。据说容声冰箱刚刚研制出来时，地方上曾经带着样品向中央相关部委汇报，结果一个部委领导听说是乡镇企业造出了这台冰箱之后，当即怒斥道："这肯定是骗局！广东临近港澳，随便买上一台进口冰箱，换上自己的商标，就拿到北京来说是自己的产品，以骗取压缩机等紧俏原材料，好从事投机倒把活动。"这个误解一直到该部委派人来顺德实地调研后，才得以冰释。

也正因此，容声冰箱的创业者们对定点厂评选工作极为重视，除了做好自身的生产管理工作之外，还通过广东省的主管部门向上级做工作，请求评审代表到实地参观了解。这一动作起到了至关重要的作用，实地参观改变了不少代表对于乡镇企业的刻板印象，珠江冰箱厂井然有序的生产和先进的各项技术指标甚至令不少人发出了由衷的赞叹。最终，珠江冰箱厂被顺利评选为全国42家电冰箱定点生产厂之一。特别值得一提的是，它是其中唯一一家乡镇企业，也是产能最小的一家企业。

从动念造冰箱，到成为国家正式承认的42家冰箱定点生产厂之一，才刚刚过去两年。在小小乡镇一无所有的处女地上，容声冰箱就这样在夹缝中苗壮成长起来。潜龙腾渊，鳞爪飞扬；鹰隼试翼，风尘翕张。日后，它将在波谲云诡的中国家电业发展历程中，扮演风雷一般宏大而激越的角色。

生于忧患

　　产能的节节扩张、销售的欣欣向荣，甚至是入选国家定点厂这样的大喜讯，都不足以让潘宁和他的团队沾沾自喜。危机是明摆着的：尽管入选了定点厂，但无论是出身还是规模，珠江冰箱厂在42家同行中都敬陪末座；而当前，全国各地都在"大干快上"，产能扩张的速度极快。可以预见，市场竞争一定会日趋激烈，"容声冰箱"凭什么在全国诸多品牌的竞争中脱颖而出？

　　多数同行应对竞争的方法是尽快提高产量。尽管投资过热的苗头已经出现，但从投资到实现量产需要时间，当前的市场缺口仍然是显而易见的，再叠加通胀预期下消费者的抢购冲动，全国各地的"冰箱热"正在以各种各样的形式上演。由于产品供不应求，在很多地方，从厂家拿冰箱需要厂方"批条子"，而一台冰箱的批条常常被炒到数百元甚至上千元；拉货的汽车在各个冰箱生产厂家前排起了长龙，很多产品刚下生产线、尚未进入仓库便被搬上了车；一些质量明显低于合格标准的"等外品"，只要稍稍降价，就能够顺利地销售出去。在这种情形下，谁的产量多，谁就能占据更大的市场，也就能获取更大的利润。于是，冰箱生产线的引进近乎"疯狂"。一个典型的案例是，在80年代中期，全国有9个省市一起向意大利梅洛尼公司引进了9条同一型号的阿里斯顿电冰箱生产线，每条生产线的价格均为3000万元，年生产能力30万台。一时间，中国先后产生了合肥美菱、牡丹江北冰洋、南京伯乐、上海远东、景德镇华意、重庆五洲、宝鸡长岭、兰州长风和中意冰箱"阿里斯顿九兄弟"。[1]

在这场军备竞赛中，珠江冰箱厂显而易见地处于下风。它的出身注定了它只能从上级主管部门获得有限的支持，而在创业早期，它也还缺乏足够的积累，不太可能仅仅依靠自己的力量就和国营厂一样直接引进成套生产线。在这种情形下，想要摆脱国营大厂们的市场压迫，避免在市场饱和时被挤出局，除非容声能打出自己独有的"金字招牌"。

以潘宁为代表的容声第一代创业者，在冰箱厂成立的第一天起，就极富勇气地下定了"创立名牌"的决心，而具体的方法则是"质量取胜"。在一篇讲话稿中，潘宁这样说道：

"……虽然容声冰箱很畅销，但作为一家乡镇企业，论技术、论人才、论资金都远不能与国营大厂相比，因此，全厂员工一定要有危机感，要居安思危，只有通过上质量、创名牌，以质取胜，使产品不仅在市场缺货时畅销，而且能在市场饱和时依然畅销。……珠江冰箱厂如不重视产品质量，不啻自毁前途，必定死路一条。全厂上下必须要形成强烈的质量意识，就是在产品畅销、供不应求之时，也决不能以牺牲质量来发展生产，急功近利，搞短期行为。"[2]

---

[1] 吴晓波.激荡三十年：中国企业1978—2008（上）[M].北京：中信出版社，2014年版.
[2] 王玉森，侯伦.跨世纪的歌：广东科龙集团公司发展史[M].北京：改革出版社，1997年版.

与不少企业的"优质产品"主要体现在广告和营销话术中不同，容声的"质量取胜"是其真正的最高指导方针，珠江冰箱厂的大量工作，均围绕这一战略展开。

珠江冰箱厂的管理层通过指派专人分析研究，得出了这样一个结论：保证质量的首要条件在于良好的人员素质和管理办法，其次才是先进的工艺设备和技术水平。为此，在建厂之初，珠江冰箱厂一方面派工人去大专院校、各类培训中心学习，另一方面请来西安交通大学、省农机研究所有关专家到厂里讲授课程。潘宁甚至要求从他开始，所有人都必须通过考试，不及格者则必须重修。1985年、1986年两年间，珠江冰箱厂举办了各类培训班几十个，培训人次近2000名，使人员素质大大提升。

与此同时，完善管理办法的举措在不停地推出。1985年12月，珠江冰箱厂制定了《创优质名牌产品规划》，随后围绕这一规划，成立了标准计量中心、检测中心等机构，进一步建立健全各种工艺质量管理办法并订立《企业产品质量内控标准》，全面控制原材料、元器件和成品的质量。其中尤其具有特色的，是在生产流程中启用了当时国内绝无仅有的"24小时通电运行试验"。相比于其他厂家产品下线后再正常检验，合格后即包装入库，珠江冰箱厂在检验合格后，还要求将产品再经过24小时通电运行试验，运行正常后才允许出厂。多增加的这一道工序，占用了3000多平方米的厂房，每天要多耗几千度电，还花费了不少人力物力，但通过这一环节，一些总装线上难以检出的、早期容易发生的潜在问题得以暴露。

除了提高人员素质、完善管理办法，珠江冰箱厂在关系到产品质量的生产工艺和检测方法上，也丝毫不吝惜投入重金。除了前面提及的两条通电运行试验线之外，厂里为避免外表擦伤而投资90万元，制造一条长达6公里的悬挂运输生产线，实现零部件的空中运输；为完善检测手段，在具备一定利润积累后便投入100多万美元，引进先进的检测仪器设备，使产品检验实现科学化、现代化。

在1986年，珠江冰箱厂又进一步组建了一个新的部门——全面质量管理办公室，负责推行质量管理工作。这个部门的特殊之处在于，部门一把手（主任）由厂长潘宁亲自担任，在级别上高于其他职能部门半级，这就确保了质量管理成为高于其他所有事项的中心工作。试制冰箱的大功臣陈福兴在当时是分管技术、质量的副厂长，他曾经半开玩笑地说道："我们是挟天子以令诸侯，这个'天子'就是产品创优。"

为了实现产品创优，珠江冰箱厂敢于付出其他厂家不愿付出或者认为没必要付出的代价。其中最为典型的一次，是某次喷涂车间引进了一种新漆，在对新材料的特性认识不足的情况下，贸然以其作为底漆用于生产。结果，生产了一段时间后，有质检人员无意中发现，有些待出厂新品的箱门上出现了水泡，水泡破裂之后箱体便开始生锈。经过分析，技术人员确认这种新漆正是造成问题的根源。而此时，使用了该种新漆的产品已经向市场投放了1000台左右。其实，冰箱的外观问题只是小瑕疵，并不影响其正常的使用功能，但珠江冰箱厂的反应是教科书式的：他们一边立刻将投放市场的1000台冰箱全部召回，一边迅速组织技术人员进行攻关，解决这一问题。在攻关期间，生产全部暂停。而作为惩戒，所有相关人员，包括厂长潘宁本人在内，均扣去了30%的月薪。这次质量事故是在没有用户投诉的情况下，珠江冰箱厂主动做出的整改，因召回和停产，损失金额以百万计，但却保住了容声冰箱在用户中树立的口碑。

类似这样为保质量而舍产量、舍利润的事件还有很多。1986年容声冰箱最为畅销之时，在经销单位的一再催促之下，珠江冰箱厂的生产部门和质检部门之间一度发生矛盾，前者要求加快出厂速度，后者则严守规程。双方争执不下，一直闹到潘宁那里。在多次开会协调之后，潘宁斩钉截铁地总结道："这件事以后不要再争论了，任何情况下，产量都要服从于质量，少赚钱甚至不赚钱也要保证质量。"

从人员到设备，从生产到售后，珠江冰箱厂高标准、全覆盖的质量管理工作，使得容声冰箱的产品开箱合格率长期保持在99.8%以上，在同行业中位居前列。也正因此，当容声冰箱走向市场，它自然引来消费者的交口称赞。随着时间的不断前行，这种口口相传的赞誉自然如同水流一样向四方流淌，浸润到更广大用户的心目当中。于是，容声冰箱在无形之中打造了一个稳固的地基，只要有一个契机触发，它就将拔地而起，一飞冲天。

享誉全国

从1984年到1987年，在中央决策层一系列推动改革开放的举措的影响下，特别是1984年10月，党的十二届三中全会通过了《中共中央关于经济体制改革的决定》，使得这个庞大国家终于越过了改革开放前期的迷茫与反复，开始把精力集中到休制改革和经济建设上来。在这四年间，中国经济增速持续保持两位数的高位运行，在各个行业都呈现出产销两旺的景气局面。受益于外部良好局势，加上容声冰箱连续几年被评为省优、部优、国优银质奖，质量被市场广泛认可，因而，珠江冰箱厂的外部需求极其旺盛，产量也在数年间翻了几番，到1987年，冰箱产量已经达到8.5万台。与此同时，冰箱厂开始上马二期建设工程，拟新建2万平方米的厂房和一条年产20万台规模的冰箱生产线，形成大规模扩产。产能要扩大，意味着销量也要大幅增加。为了进一步提升容声冰箱的市场影响力，领导层开始考虑以电视广告的方式展开营销。

80年代中期，随着电视机逐渐进入千家万户，观看电视节目成为人们茶余饭后必不可少的娱乐方式，"影视明星"作为一个前所未有的阶层登堂入室，成为大众耳熟能详而又追逐迷恋的对象。当时，人们最为喜爱的明星，多出自与内地同文同种而娱乐业又高度发达的港台地区。然而，或是被传统营销方式的惯性所制约，或是出于政治不确定性的考量，在90年代以前，几乎没有什么公司想到利用港台明星的知名度和市场号召力为自己的产品做广告宣传。

可能是因为身在广东、临近香港，对港台明星的市场号召力有更为深刻的洞察，也可能是因为并非国营企业，在政治考量上顾虑较少，总而言之，容声冰箱再一次敢为人先，首开邀请港台明星拍广告之先河。而受邀者，正是香港无线电视台TVB的签约艺人汪明荃。

当时的汪明荃正值事业巅峰，风头一时无两。她在1980年时担纲电视剧《万水千山总是情》的女主角，该剧在80年代中期引入内地后顿时引起轰动，由她演唱的同名主题曲响彻大街小巷，她也成为青年男女们热烈追捧的偶像。关于到底是谁首次提出与这位女明星合作的动议，如今已经没有文字资料或是亲历者回忆可资证明，但可以确定的是，容声的创业者们在这个极富颠覆性的创想面前没有犹豫一秒钟，马上就通过各种渠道与汪明荃取得联系，请她拨冗到珠江冰箱厂参观交流，并商谈广告拍摄相关事宜。

容声冰箱流传在外的美名让汪明荃欣然接受了珠江冰箱厂的邀约，而亲临现场之后，汪明荃更是对珠江冰箱厂"质量取胜，创立名牌"的办厂宗旨和实际行动大加赞赏，于是，拍摄广告的事就顺理成章地定了下来。

让人始料未及的是，这次广告营销活动从洽商到拍摄都很顺利，但在最后一步公开播映时，却遇上了麻烦。原来，在这条广告拍摄的1988年，汪明荃除了是香港著名演员，还有一个身份是全国人大的港澳地区代表。当珠江冰箱厂把剪切好的30秒广告递交到中央电视台之后，审片的领导犯了难：人大代表拍摄商业广告，这是前所未有的事，会不会产生不好的政治影响？这件事，谁也拿不准，只好一级一级向上请示，最后，请示如同石沉大海，一去不回。

珠江冰箱厂当然不可能无止境地等待下去，但中央电视台是国家级的权威媒体，不可能不考虑政治影响，在这一点上抗辩显然既不明智也没有意义。最后，这家乡镇企业再次显示出其紧贴市场的灵活性来——他们没有钻到"人大代表到底能不能拍广告"这个牛角尖里，而是转而想到：国家级电视台不让播放，难道地方电视台也不让吗？如果自上而下传播的路走不通，能不能从地方台开始，由点而面来传播呢？

思路一变，峰回路转。在珠江冰箱厂的努力下，地方台果然接受了容声冰箱广告的播出需求。当汪明荃端庄明丽的形象出现在电视荧屏之上，当她用甜美的声音向大众推荐"我就是信容声"，容声的关注度仿佛被点燃了的火箭，轰鸣而起，直冲云霄。几年之内，随着这条广告向全国的扩散，"容声冰箱，质量取胜"（后来这一广告语又被改为更具有冲击力的"容声容声，质量保证"）响彻大江南北，成为一代人心目中牢不可破的时代印记。借助电视广告的强大影响力，容声冰箱也完成了从华南走向全国的伟大征程。

逆势登顶

就在珠江冰箱厂产量猛增、容声冰箱广告风靡全国的同时，中国宏观经济正在酝酿一场巨变。从1984年以来的投资过热在促使经济高速增长、改善人民生活水平的同时，也埋下了供给过量的隐患，而另一个中国特有的现象——价格双轨制，则使宏观经济的变局又多出了一个不稳定因素。由于生产资料存在"计划内"和"计划外"两个价格，在其因需求旺盛而供应短缺的情形下，越来越多有权力的机构和有"门道"的个人，想方设法将物资从"计划内"移至"计划外"，并从两者的价格差中牟取暴利。1988年7月，国家工商局查出95起倒卖生产资料的要案大案，其中58起是物资主管部门搞的，"它们利用权力将国家定价的生产资料平价调出，而后投入市场，转手高价卖出"。各路"倒爷"的存在使得生产资料的乱涨价、乱收费到了无法无天的地步，一个夸张的案例是，在南京，1000吨钢材被各路人马炒卖了129次，在原地不动的情况下，价格上涨了近3倍。[1]

物价的乱象让中央政府决心彻底取消价格双轨制，让物价由计划调节向市场调节并轨，在历史上，这一举措被称为"物价闯关"。1988年3月，"物价闯关"从上海开始，随后向各地推进。然而，由于计划经济体制下的价格严重扭曲了供求信号，当其向市场调节并轨时，在短时间内发生了过快的上涨，进而加重了公众的通胀预期，导致各地出现抢购风，而抢购风又反过来进一步加重了物价上涨。于是，在1988年，中国发生了自1950年以来最为严重的一次通货膨胀，也引发了一场严峻的经济失控，中央政府被迫在当年10月就暂停了"物价闯关"

[1] 吴晓波 . 激荡三十年：中国企业 1978—2008.（上）[M]. 北京：中信出版社，2014 年版 .

的举措，转而提出"宏观调控，治理整顿"，具体举措包括压缩社会总需求，严格控制货币发行，整顿流通领域中出现的各种混乱现象等。

这一次治理整顿工作从1988年下半年开始，一直延续到了1991年。三年治理整顿工作给过热的经济形势踩了刹车，使物价飞涨的景象得以渐渐平息。但是，宏观经济的骤然转冷，叠加1989年国际国内政治形势剧变带来的外部经贸环境恶化，使得许多行业受到严重冲击，一些知名企业没能够熬过这场寒冬，终于轰然倒下。在电冰箱行业，最令人扼腕的倒下者正是与珠江冰箱厂比邻而居的广州万宝。

相比容声，万宝在冰箱行业是更早的先行者。早在1978年，广州家用电器一厂（万宝电器的前身之一）就小批量研制、生产了单门直冷式200升、双门无霜150升家用电冰箱。1980年，广州第二轻工机械修配厂（同年改名为广州冰箱厂，万宝电器前身之一）引进电冰箱生产线，大批量生产出中国第一代家用电冰箱。到1988年，广州万宝已经成了全国最为知名的冰箱品牌，产能规模超过100万台（而当时容声冰箱的产能不过20多万台），产值位列全国电子电器百强之首。1988年抢购潮来临之时，万宝受上级部门指令，日日加急生产，准备向市场大量投放冰箱以平抑家电价格。但当价格闯关失败，消费者持币惜购之后，其超量的库存立刻将资金链置于极为危险的境地。在绝境面前，万宝如若果断收缩阵线，将重点放在保现金流上，或还有一线生机，但在行政干扰、价格体系崩溃、批次质量问题集中爆发的情形下，万宝终于不得不为它在市场上近期过于粗率的管理风格而付出代价。这个代价极为惨重，1989年秋天，万宝的掌门人邓韶深远走加拿大，万宝电器就此一蹶不振，再也没能重返冰箱行业第一梯队。

相比而言，容声冰箱在危机中的表现是令人振奋的。潘宁在多年前所指出并坚持的"要居安思危，通过上质量、创名牌，以质取胜，使产品不仅在市场缺货时畅销，而且能在市场饱和时依然畅销"，在淡市面前显现出了威力。当其他厂家在市场上拼命扩大生产、赚取利润时，珠江冰箱厂一方面合理扩大生产，另一方面则将积累的利润不断投入技术革新，加强质量管理体系，确保出厂产品具备极强的竞争力。一家媒体在1989年带着赞许的口吻报道道："这家位于顺德容奇镇的乡镇企业拥有固定资产8000万元，进口设备占45%，许多大中型国有企业都不具备如此好的条件。该厂的原则是：谁最好的就买谁的。整条生产线长达6000米，全由欧美、日本最好的设备配套组成，这又是许多大中型企业望尘莫及的。"[1] 凭借优越的生产条件和研发水平，在市场最为低潮期，珠江冰箱厂推出了以圆弧门暗把手取代平面门明把手的新产品，辅以让利策略和销售售后一条龙策略，使容声冰箱成为最早启动市场的冰箱品牌之一。于是，在产品总需求减弱、品牌集中度提升的大背景下，容声反而成了受益的一方。

因此，从1989年到1991年，在多数厂家坐困愁城的窘境衬托下，珠江冰箱厂反而逆势突进，再次上马三期工程，不仅在

---

[1] 吴晓波. 大败局Ⅱ [M]. 杭州：浙江人民出版社，2007年版.

产能上持续扩张，而且将产品线从容量较小的103升、160升、165升冰箱进一步向180升、190升、203升等大容量冰箱拓展，差异化竞争能力进一步增强。

到1991年"三年调整"的末期，冰箱行业的格局已经焕然一新，曾经的"北雪花、南万宝"转而变成了"北海尔、南容声"，而相比于海尔，容声甚至还稍胜一筹。这一年，珠江冰箱厂被评为国家一级企业（全国仅两家乡镇企业获此殊荣），在全国最大型工业企业中排名第187位；"容声牌"BCD-165系列冰箱荣获国优金质奖称号；而容声冰箱的产量则已经扩大至48万台，在全国同行业中产销量排名第一。此后连续9年，容声冰箱都没有让这一殊荣旁落他人。

第二部
绝代的风华

第三章 破茧成蝶

一些陈旧的、不结合实际的东西，不管那些东西是洋框框，还是土框框，都要大力地把它们打破，大胆地创造新的方法、新的理论，来解决我们的问题。

——李四光

"发展才是硬道理"

1991年的日历转眼就要翻到尽头了。在过去三年里，中国经济一度面临内忧外患的双重困境，不过中国这架庞大机器的马达一旦开启，即便偶逢困顿阻遏，它的向前之势却是难以逆转了。这一年，中国的国内生产总值增长率又大幅攀升至9.3%，大大高于前两年4%左右的数据。不过，关于改革方向的辩论仍然在报章上公开进行着，"姓社姓资"这个具有鲜明时代特色的命题，被数十年来熟谙政治风向的媒体所不断咀嚼，下一步的前进方向似乎仍然晦暗不清。

临界点的最终抵达或许源于一个与中国无关的外部事件。莫斯科时间1991年12月25日晚上19点（北京时间12月26日0点），苏联总统戈尔巴乔夫向全世界公开宣告正式下台；与此同时，莫斯科红场上的苏联国旗被红白蓝三色的俄罗斯国旗所取代。这个在整个20世纪震撼世界，一度与美国构成两极的庞大国家就此落幕。

苏联在很长时间内是世界无产阶级革命的引路人，是中国的"老大哥"，尽管中苏关系从20世纪60年代开始便走向复杂，但此时此刻苏联的崩溃对中国不可能毫无触动。从表面上看，在27日这天，中国官方媒体相当低调，《人民日报》仅仅在国际版刊发了苏联解体的消息和一篇记者特写《红场易帜纪实》。然而，刻意淡化或许意味着上层情绪的微妙，而缺乏主流媒体的引领，人们当然开始猜度：同样是社会主义国家，中国会往何处去？

中国的决心很快就将显露。1992年1月1日，《人民日报》的元旦献词《在改革开放中稳步发展》，明确提出"我国现阶段的主要矛盾是人民日益增长的物质文化需要同落后的社会生产之间的矛盾，这就决定了必须以经济建设为中心。实践证明，坚持这个中心，国受益，民得利；背离这个中心，国遭损，民受害。因此，对经济建设这个中心一定要紧抓不放……要完成今年经济建设的任务，并进而实现90年代的奋斗目标，关键在于深化改革、扩大开放。"

紧接着，一个日后被广为称颂并被认为具有里程碑意义的事件发生了。从1月18日开始，改革开放的总设计师、当时已届

87岁高龄的邓小平突然离开北京，一路向南，在一个多月的时间里先后视察了武昌、深圳、珠海、上海等地。他此次的行程非常神秘，既没有记者跟随，也没有媒体报道，就好像这是一次无关紧要的私人休假。然而，一些小道消息却在民间流传发酵，人们在一片或真或假的传言中吃力地分辨，邓小平在南方究竟说了些什么，背后的含义又如何。

又一个月，隐藏在沉默背后的博弈似乎终止了。3月26日，《深圳特区报》率先发声，一篇名为《东方风来满眼春——邓小平同志在深圳纪实》的长篇通讯面世，披露了邓小平在深圳视察时作出的一些重要讲话，譬如"不坚持社会主义，不改革开放，不发展经济，不改善人民生活，只能是死路一条。基本路线要管一百年，动摇不得"，"社会主义的本质，是解放生产力，发展生产力，消灭剥削，消除两极分化，最终达到共同富裕"，"改革开放胆子要大一些，敢于试验，不能像小脚女人一样。看准了的，就大胆地试，大胆地闯"，"允许看，但要坚决地试"。数日之内，全国各大媒体纷纷在头版头条全文转发。一时间，重新解放思想，加快改革开放的舆论热潮汹涌澎湃，将近三年国际政治局势突变带来的意识形态纷争一举冲决。中国改革开放的进程，至此进入了加速发展的阶段。

伴随着"小平南巡"成为时代的转折点，珠江冰箱厂也迎来了自己的高光时刻。1月29日下午，邓小平在从珠海返回广州的路上，专程经过顺德容奇镇并作了短暂的停留。他所考察的对象，正是珠江冰箱厂。

此时的珠江冰箱厂，已经从一家小小的乡镇企业，发展成为全国冰箱产销量第一的大型公司。也因其取得了突出成就，被广东省委确定为参观点。下午4时许，载有小平同志的中巴车缓缓驶入珠江冰箱厂厂区，身着杏色便服、精神矍铄的邓小平在广东省委相关领导的陪同下，从车上健步走出，早已等候在那里的佛山、顺德两级党委、政府主要负责人以及珠江冰箱厂主要负责人立刻迎上前去，欢迎小平同志的到来。

目睹珠江冰箱厂宽阔气派的厂区和高大豪华的办公楼，小平同志兴致很高，发问道："这是个什么类型的企业？"陪同的广东省相关负责人不无诙谐地答道："如果按行政级别算，只是个股级；如果按经济效益和规模算，恐怕也是个兵团级了。"被这个答案震惊的小平同志感慨万千，连说了三遍："这是乡镇企业吗？"

在人们的簇拥下，邓小平步入了珠江冰箱厂的一号会议室，潘宁坐在他的右侧，向他简要汇报公司的发展历史和现状。当小平同志得知珠江冰箱厂去年的产品已经出口到巴基斯坦等国、中国香港和东南亚地区，出口创汇接近700万美元的时候，他高兴地说，一个国家，如果没有民族工业，没有自己的拳头产品，这个国家就没有希望；我们国家一定要发展，不发展就会受人欺负，发展才是硬道理。[1]

"发展才是硬道理"，这句日后被上至庙堂、下至江湖的人们奉为圭臬的"改革金句"，正是滥觞于此。它简洁而又决

[1] 王玉森，侯伦. 跨世纪的歌：广东科龙集团公司发展史 [M]. 北京：改革出版社，1997 年版.

绝，豪迈而又有号召力，它透过伟人之口传遍四海，成为驱动这一时代前进的最强音。细究它的产生，除了有赖于伟人敏锐的头脑、开阔的胸怀和卓越的远见，更离不开伟人在遥远的南国所目睹的场景：只要放下无谓的纷争，破除旧思想的迷局，中国人完全有意愿、更有能力创造发展的奇迹。

就这样，珠江冰箱厂和容声冰箱，被牢牢地镶嵌在中国改革开放伟大进程的重要节点之上。对容声品牌而言，这是一个殊荣，也是一种激励。这种激励将伴随着它在90年代披荆斩棘，高歌猛进，也将引导它在更远的将来走出低谷，砥砺奋进。

顺德突围

在珠江冰箱厂，当小平同志对顺德的发展成就予以肯定，并指出胆子要更大一些、步子要更快一些时，顺德的发展也已经到了一个关键的节点。

80年代中期开始，顺德提出了"三个为主"（即以公有制经济为主、以工业为主、以骨干企业为主）的发展方式，一举成为广东县域"四小虎"之首。然而，顺德的乡镇企业是在政企一家的模式下发展起来的，政府既是投资主体，又为企业贷款提供担保，同时通过物资调配、土地供给、税收减免等方式扶持企业成长。在80年代短缺经济背景下，在由计划经济向市场经济转轨的过程中，这些乡镇企业由于在生产要素上获得了政府的倾力支持，因此能够迅速扩大产能、占领市场。但到了90年代，整个市场的供给端正在日益丰富，竞争日趋激烈，单纯扩大产能已经很难提升效益，而政企不分所带来的权责不清、效率低下等弊病越来越成为拖累顺德发展的包袱。有一个典型的案例是，当时美的还是挂在北滘镇下面的一家"红帽子企业"，许多决策都需要向北滘镇政府请示，有一次美的将提升管理团队待遇的方案报上去，镇领导一看就否决了："你一个保安队长的工资，比我公安分局的局长工资还高，这怎么行！"[1]

据公开资料，到1992年，顺德有259家企业到了破产边缘（当时顺德市属企业和乡、镇办企业共978家），所欠银行21亿元贷款已经成为呆账烂账。顺德当地领导和金融机构、企业负责人进行深入调研后，得出了一个结论，改革开放以来，顺德乡镇企业的发展是"触目的成就，惊心的包袱"。[2]而要想放下这些"包袱"，唯有在改革的路上再走出一大步，通过产权清晰、政企分离，重新激发企业活力，减轻政府负担。

小平同志的激励给了向来敢为人先的顺德人再出发的勇气，接下来，启动改革的外部条件也迅速成熟。仅仅两个月后，即1992年3月，经国务院批准，顺德正式撤县设市；又两个月后，即1992年5月，中共顺德市委、市政府向中共广东省委、省政府提交了《关于顺德市开展综合改革试验，加快经济发展的请示》，提出要进行产权改革，建立混合型的经济体制。当年，顺德被确定为广东省的综合改革试验市。几步走下来，顺德改革已经箭在弦上，它即将再次走在时代前列，成为全国中

[1] 徐春梅. 顺德：一个准特区的非典型突围 [N]. 中国经营报，2008-12-08.
[2] 徐春梅. 顺德：一个准特区的非典型突围 [N]. 中国经营报，2008-12-08.

小国有、集体企业转制的发源地之一。

顺德改革的第一刀"砍"向了政府部门。政企分开，意味着政府职能将被重新厘清，过去那些与市场直接相关的机构部门，将从政府脱钩，转而组建为企业。当时顺德的政府部门全部按照市场经济体制的目标重新定机构、定职能、定人员，56个党政机构撤并后只剩下了近1/3；脱钩出来的机构全部组建为企业，划入经济发展总公司统一管理。

紧接着，顺德的所有企业开始全面实行产权改革。当时的顺德市委副书记兼副市长（分管工业）冯润胜提出"靓女先嫁"，即让好的企业先转制。最先实施改制的正是早已深受体制困扰的美的，它在1992年5月便针对内部职工发行股份，开始实施股份制改造，次年便成为中国第一家上市的乡镇企业。机制转换使得美的发展明显提速。

作为顺德的明星企业，珠江冰箱厂也不甘落后。1992年6月，在上级政府的支持下，珠江冰箱厂决定实施股份制改造，成立了以厂长潘宁为主任的股份有限公司筹备委员会。7月，工厂向顺德市政府、容奇镇政府、广东省企业股份制试点联审小组申报立项，要求组成向社会公众和企业内部职工募股的法人和自然人混合持股的公众公司。7月18日，省联审小组发文批准珠江冰箱厂改制为广东珠江电器股份有限公司，只是因受到上市名额限制[1]，建议珠江冰箱厂独家发行企业内部股。8月，

---

[1]　早期，我国企业上市实行"配额制"，即中央每年向各省区分配有限的上市名额，各省区推荐企业上市。在这种制度下，能够上市的自然主要以国有大中型企业为主。

广东省人民政府批复，同意珠江冰箱厂改组为法人和自然人混合持股的股份制公司。其中法人股占总股本的80%，以原珠江冰箱厂净资产折价认购，股权由顺德市容奇镇经济发展总公司持有；自然人股占总股本的20%，只限于向原珠江冰箱厂内部职工发售。于是，从1992年8月开始，一场热热闹闹的内部职工募股和股份制改造工作在珠江冰箱厂展开了。容声冰箱的品牌史，至此翻开了崭新的一页。

股改腾起"科龙"

根据股改方案，此次内部职工募股共发行8448万股，每股面值1元，募集对象为全体员工，每人根据入职时间、工龄、职位等要素，被分配到不同的认购数量。按照许多亲历者的回忆，当时的最低认购数量都在1.3万股以上。90年代初，要一下子拿出1万多元并非易事，对一些参加工作不久的人来说更是压力不小。而且，股票市场当时才诞生不久[1]，参与者还不多，人们总体上对股票价值的认识还不清晰。尽管当年8月在深圳发生了数万人抢购新股认购表的大事件，但身在顺德的人们却未必都能理解其中的含义。再加上受上市指标的约束，公司能否成功上市本身就存在不确定性。因此，尽管大多数人模糊地意识到股份制改造是一件好事，但多少都存在一些观望和怀疑的

---

[1] 中国的证券交易市场起步较晚：上海证券交易所于1990年11月26日正式成立，同年12月19日正式开业；深圳证券交易所于1990年12月1日开始集中交易（试营业），1991年7月3日正式成立。

情绪。

为了顺利推进内部募股，筹备委员会成立了股份制宣传组，向职工广泛宣传推行股份制的意义，使职工理解参股一方面是和企业共担风险，另一方面也能和企业共享收益。出于对珠江冰箱厂前景的看好，加上一些头脑灵活的人理解原始股的价值，开始以内部交易的方式买入认购权，募股工作很快变得火热起来。即使是一些手头比较紧张的职工，也争相通过借贷等方式筹得现金，认购股权。到当年10月，内部职工募股工作顺利完成了。

一个月后，又一个里程碑式的事件发生了。1992年11月，新成立的珠江电器股份有限公司推出了全新的科龙商标，宣布将在冰箱产品和新开发的空调产品中启用该商标。同时，为了方便科龙商标在市场上的推广使用，决定将公司名称也同步变更为"广东科龙电器股份有限公司"。据说，"科龙"的含义是"科技的巨龙"，之所以要启用全新的"科龙"品牌，是为了打造统一面向海内外市场的中国名牌。

关于珠江电器易帜"科龙"的讨论，始终众说纷纭，以致直到今日仍然是窥其一斑，难知全豹。有内部员工曾满怀疑问地议论，"容声"已经是中国家喻户晓的知名品牌，何必还要重新创立一个"科龙"？有人则指出，容声品牌的真正所有者并不是珠江冰箱厂，而是容奇镇政府。珠江冰箱厂为了生产容声牌冰箱，每年要向镇政府缴纳品牌使用费。更不利的一点是，镇政府还将这一品牌授权给其他小家电使用，此举在消费者心目中造成了混淆，伤害了"容声"的品牌价值（无独有偶，另一个知名家电品牌——格力，后来也遭遇了这样的困扰），这才是珠江冰箱厂另起炉灶，打造全新科龙品牌的真正原因。于是，便有外部观察者指出，创立科龙品牌实际上暗示着珠江冰箱厂存在某种"独立倾向"。但是，如果仅仅从后来发生的事实来看，珠江冰箱厂从来没有主动寻求脱离镇政府的举动，"独立"之说终究只能归于猜测。

无论真相如何，新成立的科龙公司旧貌换新颜，大有一展宏图的壮阔之气。股份制改造虽然仅仅是相当于对全厂职工释放了20%的股权，筹集资金也不过八千多万元，这当然还不足以使公司的规模迅速上一个台阶，但它确实起到了很强的鼓舞士气的作用。过去职工们仅仅抱着为公司"打工"的心态，现在他们意识到公司的业绩关系到自己的年终分红，开始普遍地具备了主人翁的心态。同时，股份制带来的种种现代企业制度，比如董事会、监事会等机构的纷纷成立和各司其职，使公司得以在经营效率和监督机制上更加平衡。可以说，股份制改造是科龙公司由一家乡镇企业蝶变为现代企业并很快走向辉煌的关键变量。

如果用比较苛刻的目光来看，科龙公司的本次股份制改造仍然是不彻底的。在股改之后，容奇镇政府仍然保持80%的绝对控股权，而高管团队则只能以认购职工股的方式取得有限的股份，这些股份可以使他们获得有限的分红，却绝不可能让他们在决定公司命运的股东会上获得发言权。特别是在法人股不能自由交易的背景下，该种股权安排的每一步变更、任何涉及科龙公司发展方向的重大决策都需要获得镇政府的审批。科龙在名义上成了独立发展的现代企业，实际上仍然受到政府部门全方面的影响和干预。当然，这正是一种典型的中国式政企关系，其核心特点在于两者之间的边界模模糊糊，若有若无。由于边界不清，利益共享，于是在市场上行期，两者确实相互促进，共生共荣；但也因为边界不清，利益纠结，于是在市场变化期，一旦企业希望改弦更张，则一定存在千万条无形的细线，牵绊其改革的方向。更不可忽视的一点是，企业本应是运行目标比较纯粹（获得利润）的个体，而政府却是复杂的多目标系统（需要兼顾经济增长、就业充分、社会稳定），当它能对一家企业施加完全的影响时，企业势必染上决策失准、反应迟钝、患得患失的毛病。当然，在本轮的顺德企业改制中，包括美的、科龙这样的明星公司在内，多数都存在改制不彻底的问题。这一遗留问题将在数年后引发第二轮变革，成功渡过者（譬如美的）将直上云霄，处理不当者（譬如科龙）则堕入深渊。

　　但是，至少在1992年，科龙腾飞之势已然清晰可辨。凭借领导人视察所附加的影响力，凭借改制所激发出来的士气，科龙公司在1992年全年生产容声牌冰箱66万台，比上一年大幅增长37.5%，蝉联全国第一；实现总产值10.24亿元，比上一年增长40.9%，成为全国首家年销售收入突破10亿元的乡镇企业。科龙公司和容声冰箱的黄金时代，正式来临了。

第四章　拓土开疆

抓住时机并快速决策是现代企业成功的关键。

——凯瑟琳·艾森哈特（斯坦福大学教授）

多元扩张

内部募股只是科龙公司股份制改造的第一步，最终目的当然还是上市。考虑到当时境内上市指标获取的难度，科龙公司很早就做好了境外上市的准备。1993年，作为上市步骤中的重要一步，科龙聘请了曾就职于普华永道的香港人李国明做财务总监。李国明随即在香港为科龙做了一次成功的私募，引进了多家境外战略投资人，募资4900万美元（按当时汇率，折合人民币4亿多元）。此次增资依然保留容奇镇政府在科龙公司中的绝对控股地位，因而获得了镇政府的欢迎与支持，而大量真金白银的输入则为科龙的大举扩张提供了充足的"弹药"。

事实上，大扩张的意图在1991年末已经显露无遗。三年的治理整顿使得各行各业都"洗了一把牌"，在电冰箱行业，一些"小虾米"和"大笨熊"在行政或市场的压力下被出清，类似于科龙这样的强力竞争者反而逆势上扬，脱颖而出。随着资本积累日益丰厚，行业巨头们并不满足于固守单一赛道，而开始运用资本的力量实施多元化战略——或是沿着产业链向上下游延伸（即纵向多元化），或是水平切入市场相似但产品不同的领域（即横向多元化），具体的策略则包括并购存量产能和投建新产能，科龙所走的正是后一条道路。

1991年下半年，还未改制的珠江冰箱厂领导层决定上马四期工程，四期工程除了对一、二、三期工程进行小幅改造之外，主体工程是兴建一家空调器厂和一家塑胶制品厂。按照规划，空调器厂建成后将拥有年产40万台空调的产能，塑胶制品厂则将具有年产空调配件40万套、冰箱配件100万套的能力。这正标志着珠江冰箱厂（科龙公司）多元化战略的开端。1993年6月，四期工程正式投产，当年生产科龙牌空调10万台。

耐人寻味的一点是，珠江冰箱厂本次投资的主要目标显然是为了杀入空调行业，但却冠之以"冰箱厂四期工程"的名目，用意当然是为了减少审批中可能存在的阻力（当时在顺德，至少有两家明星企业早已进入了空调行业，即与珠江冰箱厂一河之隔的华宝，以及做电风扇起家的美的）；而顺德最终默许珠江冰箱厂投产空调，其中恐怕也少不了容奇镇政府的居间斡旋。科龙早期的飞速发展离不开地方政府的支持，这只是众多例证中毫不起眼的一个罢了。

1994年，在四期工程竣工投产并获得大笔注资之后，科龙公司又马不停蹄地实施了第五期工程建设，第五期工程的主体工程为兴建一家模具厂。该模具厂为中外合资形式，引进了8个国家27种52台（套）先进设备，其中大部分是代表了90年代世界先进水平的数控设备；同时还引进了具有90年代世界先进水平的CAD/CAM软、硬件系统。模具厂的建成是科龙公司向产业链上游扩张的又一举措，它大大缩短了科龙公司模具设计、制造的周期，并把整体技术水平又提高了一个层次。

到1996年，科龙公司的产品线又得到进一步的丰富。这一年年初，科龙公司与日本三洋电机株式会社达成合资协议，合资组建三洋科龙冷柜有限公司，开始借助三洋的保鲜技术涉足冷柜生产。这被科龙公司命名为"六期工程"。六期工程在次年宣告竣工投产，投产当年即获得可口可乐公司一次2万台的订货。

至此，创业十余年的科龙公司，已经从一个只能生产单型号电冰箱的乡镇企业小厂，发展成为横跨冰箱、空调、冷柜三个产品线，具备从零部件到整机的生产能力的集团型大企业。

如果将视野扩大到整个中国，我们则可以清晰地看到，在1993年至1996年的四年中，科龙的多元化扩张不足为奇。这四年是1992年中共十四大确立"社会主义市场经济体制"目标后，改革开放红利的集中释放期。表现在宏观经济领域，无论是全社会固定资产投资总额、社会商品零售额，还是外资流入额，其增速都达到了多年来的最高水平，国内生产总值每年以两位数的增幅向上攀升。在火热的宏观环境支持下，有着巨大市场需求，同时进入壁垒和垄断程度比较低的轻工业发展尤为迅速。日行千里般的发展速度让人们如此兴奋，以致1995年到1996年间，有几十家中国企业提出了进入世界500强的时间表。而为了迅速扩大规模，有相当多的企业选择了通过外延收购实施多元化的策略，其中最著名的一个案例，是有军工背景的三九集团在从1996年到2001年的六年时间里，并购了140多家地方企业，平均每个月并购两家，形成了涉足医药、汽车、食品、制酒、旅游饭店、商业、农业和房地产八大行业的产业集团。但它蒙眼狂奔的结果是，到2003年，三九集团的财务危机总爆发，数年后，被华润集团重组。[1]日本学者大前研一评价道："中国的机会太多，以致中国的企业家很难专注于某个领域，并在该领域做出卓越的成绩。但专注是赚钱的唯一途径。可口可乐专心做可乐，成为世界消费品领域的领先者。丰田专注于做汽车，成为日本利润最为丰厚的公司。进入一个行业，专业化，然后全球化，这才是赚钱的唯一途径。"[2]

关于专业化和多元化之辩，结论当然未必如此绝对，不过，科龙倒真是沿着大前研一所说的路径而前进的。潘宁在科龙内部提出一个原则，叫作"不熟不做"。具体而言，是指科龙必须围绕制冷产业为核心，进行相关多元化拓展，对于非制冷行业则"优惠再多，有利条件再多，也不进入"。副总裁陈福兴也有过类似的阐述："冰箱、空调、冷柜的工艺技术大同小异，在自己熟悉的领域里做到最好，胜于求全，百艺在身不如一艺精。"这种专注和自省的精神，确实使年轻的科龙在一定程度上避开了90年代中国公司普遍存在的"青春期躁动症"

[1] 吴晓波.大败局Ⅱ [M].杭州：浙江人民出版社，2007年版.
[2] 吴晓波.激荡三十年：中国企业1978-2008（下）[M].北京：中信出版社，2014年版.

的困扰。

与世界握手

1992年，在邓小平南方谈话发表之后，科龙很快成了万众瞩目的焦点。据不完全统计，当年科龙公司接待的国内外重要领导、嘉宾超过9万人次。在众多重量级客人中，有一位客人比较特殊。他金发白肤，高鼻深目，这是他第一次远渡重洋来到中国，与这个古老国度之间不免相互陌生。然而，此时的他在国际商界却早已声名远播。这位特殊的客人就是时任美国通用电气（GE）总裁的杰克·韦尔奇[1]。

杰克·韦尔奇是南方谈话之后第一个赶到中国的重量级跨国公司CEO，但他此行极为低调，以致几乎没有什么相关的报道。[2]科龙只是韦尔奇此番到访中国的其中一站，没有任何记录表明他在科龙看到了什么或表达了什么态度。但如果将韦尔奇来访和若干年后发生的一件事联系起来看待，则其中的因果关系昭然若揭。

若干年后的这一事件，正发生在通用与科龙之间。90年代中期，伴随着中国市场的快速扩张和加速引进外资的政策导向，在家电行业，出现了"合资热"（主要表现为外资和中资

---

[1] 有一个有趣的事实是，在科龙内部留存的所有记录中，均将这位大名鼎鼎的 GE 总裁的名字误记为"小约翰·韦尔奇"或"小约翰·舒尔奇"，彼时的国人对他的陌生可见一斑。

[2] 吴晓波. 激荡三十年：中国企业 1978-2008（下）[M]. 北京：中信出版社，2014 年版.

品牌合资成立公司且由外资控股，或者外资直接控股中资品牌）。比较著名的案例包括新加坡丰隆控股新飞，美国惠而浦合资雪花，德国西门子合资扬子，韩国三星合资香雪海等。然而，除了新飞之外，几无品牌因合资而发展壮大，反而多因机制转换不灵或在外方的刻意打压之下日渐消亡。典型的如苏州香雪海，这个在上个世纪八九十年代曾风靡一时，在区域市场中占有率颇高的国产冰箱名牌，因在合资中接受了外方"三年内不得生产香雪海牌冰箱"的条件，丧失了发展的黄金时期，三年之后市场格局早已确定，香雪海品牌为人作嫁，从此一蹶不振。

通用和科龙的故事正是在这一背景下展开。当时，通用向科龙提出了合资的要求，并要求在合资公司中处于控股地位。为了减少阻力，通用甚至还提出，仍将聘请潘宁做合资公司的总裁。在当时各地争相引进外资的背景下，这当然是一个令人心动的大项目，地方政府颇有心促成此事。然而，潘宁却一口回绝："合资可以，（外资）控股不行。"他警告道："只要我一签字，'容声'这个牌子马上就会在中国消失，我不想成为民族工业的败家子。如果硬要我签字，我会提前辞职。"[1]潘宁的威望起到了关键作用，最终无人敢冒为了引进外资而让科龙公司陷入紊乱的风险，"容声""科龙"品牌因而幸免于难。

但科龙拒绝通用的举动并不能简单理解为"排外"。事实上，珠江冰箱厂的起家，就是兼容并蓄、博采众长的结果。

[1] 王玉森，侯伦.跨世纪的歌：广东科龙集团公司发展史 [M]. 北京：改革出版社，1997 年版.

当时的生产线上，既有国产设备，也有进口设备。到引进第二条生产线时，还确立了以欧洲型的制冷性能系统和亚洲型的外观装饰相结合的方案，引进了意大利的吸塑机、发泡机，美国的垂直运输机械设备和日本的冷媒自动灌注机、门框成型生产线。在韦尔奇来访的1992年，科龙公司与外部开展了多项技术合作。譬如当年2月，科龙和夏普株式会社、日绵株式会社签订合作协议，开始开发空调产品；在冰箱产品方面，科龙从夏普引进了风冷技术，生产出容声牌BCD-190W和BCD-210W风冷式电冰箱，这两款产品均获得了广东省机械工业科技进步二等奖；从利勃海尔引进了抽屉式冰箱技术，并进行了改型设计，也引领了一时之潮流。

1993年，科龙公司继续扩大对外开放。当年，科龙公司在香港成立香港科龙发展有限公司，全权负责进出口贸易。此举大幅拉近了科龙公司和海外的距离，使得每年出口创汇均以20%以上的速度猛增。

到1996年，科龙公司一方面和日本三洋电机株式会社合资成立三洋科龙冷柜有限公司，开发出冷柜产品线；另一方面则直接在家电技术领先的日本设立电器研究所——科龙株式会社，通过对日本科研力量的利用，把握世界先进技术的最新动向，使冰箱产品达到生产一代、改进一代、研制一代、预研一代的目的。

通过设备引进、技术合作、扩大出口、合资建设、跨国研发等方式，科龙公司在充分保有独立性的基础上，与世界紧紧握手。正是在这种开放心态的指引下，在90年代中期家电业的激烈竞争中，科龙公司的主力产品容声冰箱，始终具备国内领先甚至堪与国际大牌正面相抗的产品力。

技术破壁

中国冰箱行业的本土品牌与外资品牌之战可谓波澜起伏。80年代行业启动之初，由于外资尚未被允许进入中国市场，一大批本土企业通过引进生产线迅速开启了混战年代。90年代初，在中国逐渐放开市场后，外资开始大举进入，以资本、技术之优势对垒本土企业，一度通过兼并方式冲垮了一大批本土品牌。孰料"狼来了"的惊呼余波未平，跨国企业就在和强势本土品牌的较劲中败下阵来，到90年代中期时，容声、海尔、新飞、美菱四个国产品牌的总市场占有率曾经高达71.9%[1]，外资品牌被全面压制，一度出现"退潮"之势，直到90年代末期才卷土重来。

本土企业中的佼佼者们之所以能在一定时期内全面击溃强大的对手，主要归功于几个因素。首先是，经过十余年的发展，这些优秀企业已经具备了较强的规模制造能力、成本控制能力和通畅的渠道体系，而外资企业运用本土产能和铺设渠道还需要时间，直接向中国出口则将在成本上丧失竞争能力。其次是，外资企业对于中国市场的理解尚不成熟，采用的集权机制导致反应速度过慢，在瞬息万变的家电市场中，当然无法与

---

[1] 汪峰. 伊莱克斯：市场没有迟到者 [J]. 经营管理者, 2000(09): 55.

灵活的本土企业相抗衡。在实战中，本土企业一旦祭出"价格牌"和"民族牌"，几乎无往而不利。当时中国正大力推动加入世界贸易组织（WTO），国内媒体多有"民族工商业能否经受得住外资冲击"之忧虑，然而至少在冰箱行业，本土品牌却表现出了极强的竞争力。

然而，本土品牌的大胜并不能掩盖一个问题，即核心技术的缺失。中国家电行业起步晚、起点低，到90年代中期也仅有十年左右的经营历史，就其本质而言还属于装配工厂，核心技术与核心部件都需要运用"拿来主义"，对外依存度很高。以冰箱产品为例，其核心技术为压缩机、制冷剂和保温（发泡）技术。我国最初完全不掌握压缩机的生产技术，产品全部依靠进口[1]，在逐渐具备国产化能力之后，其核心零部件的研发生产能力依然欠缺，仍需依赖进口。而在制冷剂、发泡剂方面，本土企业也基本上沿用国际成熟的技术，缺乏自主创新能力。

客观而言，容声冰箱尽管是本土品牌中的佼佼者，但受限于技术积累的时间尚短，相比国际巨头，其技术能力仍然处于劣势。但是，通过长期的技术引进、消化和二次开发，容声冰箱的技术能力得到了长足的进步，甚至在某些单点技术上出现了破壁的可能。在90年代中期，容声冰箱最令人引以为傲的一点是，响应了国际上关于"氟利昂替代"的趋势，推出了具有国际领先水平的全无氟节能冰箱。

在80年代及以前，冰箱产品所采用的制冷剂（主要为CFC-

---

[1] 金镝, 孙研, 李元. 冰箱行业为何不打价格战 [J]. 辽宁经济, 2004 (03): 38-39.

12）和发泡剂（主要为CFC-11）均属于氟氯碳化物（即通常所说的"氟利昂"）。国际科学家通过长期的研究后发现，氟利昂对地球臭氧层有很强的破坏作用，并已经导致臭氧层出现大量空洞。于是，联合国于1987年召集24个成员，在加拿大蒙特利尔签署了环境保护公约（即蒙特利尔议定书），要求发达国家削减生产消耗臭氧层物质，并成立多边信托基金，援助发展中国家实施氟利昂替代。中国在1991年加入了《蒙特利尔议定书》。

然而，由于《蒙特利尔议定书》中约定，发展中国家具有相对较长的控制时间表，因而国内制冷企业对于氟利昂替代的重要性普遍认识不足。一篇在1995年发表的国内报道不无忧虑地提到："尽管国内冰箱行业有许多优势，但有一点不容忽视：除个别冰箱生产企业已引进开发无氟'绿色'冰箱投放市场外，冰箱企业几乎100%使用破坏臭氧层的氟氯碳化物作为制冷剂，尚未意识到'绿色'冰箱的国际冲击波。"[1]

幸运的是，科龙公司正是报道中所指的"个别冰箱生产企业"。1991年中国加入《蒙特利尔议定书》之后，颇有远虑的珠江冰箱厂管理层立即开始了氟利昂替代物质的研究，通过多方考察，于1992年底引入欧美普遍采用的HFCs-134A作为制冷剂，并宣告生产成功。然而，HFCs-134A属于氟利昂变性物质，仍然具有一定的温室效应，于是，科龙公司进行了进一步的研究，最终选择了一步到位的碳氢替代技术路线：采用HC-

---

[1] 魏民. 国产冰箱快步出国门 [J]. 家庭电子, 1995 (01): 7.

600a（异丁烷）为制冷剂，环戊烷为发泡剂，研制全无氟节能冰箱。

1994年，通过大量的研究工作并进行反复试验，科龙公司对工艺配方进行了改良，克服了环戊烷兼容性差、结构不适应、黏度大，以及组合聚醚的储存性、发泡流动性差等问题，又通过全面的生产现场安全通风系统、报警系统和安全防范系统解决了HC-600a和环戊烷易燃的问题，成功生产出了一批无氟冰箱。[1]

1995年5月，该项技术通过了国家科委主持的"无氟节能电冰箱技术"的技术鉴定，科龙公司成为国内首家全无氟节能冰箱的生产厂家。同时，这项技术还得到了联合国蒙特利尔多边基金会的448万美元无偿援助，从而加快了这项技术在实际生产中应用的速度。1996年，科龙公司的无氟节能冰箱技术被国家科委评为科技进步二等奖。[2]这一获奖等级在行业内可谓屈指可数。

通过在制冷剂和发泡剂方面的技术破壁，容声冰箱成为我国最早在节能环保方面实现突破的本土品牌。技术上的执着追求和始终先行一步，让容声能够更加坦然地面对日益激烈的市场竞争。

---

[1] 广东科龙电器股份有限公司 . 科龙走出一条具有容声特色的 CFCs 替代之路 [J]. 制冷，1996 (04): 33-34.
[2] 王玉森，侯伦 . 跨世纪的歌：广东科龙集团公司发展史 [M]. 北京：改革出版社，1997 年版 .

征战四方

通过数年的扩张，科龙公司一方面丰富了自己的产品线，另一方面在自己的主力阵地——冰箱产品上，也通过技术改造、增加生产线、推行信息化管理等方式，持续扩大产能。从生产效率上看，珠江冰箱厂第一条生产线的生产节拍是100秒/台，到1991年已经缩短至48秒/台，而到1996年则进一步缩短至28秒/台；从管理方式来看，珠江冰箱厂创业时主要依赖传统的有纸化办公，到1988年时开发了容声计算机辅助管理信息系统，开始利用信息技术来提升管理能力，到1994年，科龙公司全面启用以MRP Ⅱ（第二代物资需求计划）系统为核心的一系列信息系统，对企业所有资源进行集成管理，对效率和效益均起到了巨大的提升作用；从产量上看，容声冰箱在1985年的产量为3万台，在1991年达到48万台，首次成为全国第一，其后几年几乎年年跨大步，到1996年时产量已经高达181万台，连续六年蝉联全国第一。

在1996年，除了容声之外，海尔、新飞等主要竞争对手的年产量也越过了百万大关，各头部品牌在产量上的竞争已经进入白热化阶段，这对容声冰箱的产能提出了更高的要求。同时，随着容声冰箱在全国销售量的不断提升，依靠顺德单一生产基地生产所带来的运输成本高、在途时间长等问题都变得突出起来。于是，尽快开辟新的生产基地，成了科龙公司亟须解决的新命题。恰逢1996年科龙在香港成功上市，募得资金逾8亿元人民币。借助雄厚的资本实力，科龙公司开始寻求异地建厂的可能，以推进从"产地销"到"销地产"的规模化经营。经过仔细考察，科龙公司将开辟生产基地的点定在了冰箱渗透率尚不高、市场潜力仍然较大的东北地区和西南地区。

在西南地区，科龙瞄准的合作伙伴是曾经开发出双燕牌电冰箱的成都发动机制造公司。该公司原为具备军工背景的国有企业，1983年在保军转民的过程中，曾经开发出了双燕牌电冰箱，但由于管理机制、资金和市场等种种原因，此时已经基本停产。考虑到成都在西南地区的辐射能力，以及成都发动机制造公司的冰箱生产基础，1996年12月5日，科龙公司与对方正式签约，共同出资2.4亿元，组建成都科龙冰箱有限公司。根据设计方案，成都生产基地将具备年产50万台无氟电冰箱的产能。

西南刚刚落子完毕，未及休息，科龙便又挥师北上，转战东北。12月26日，科龙公司与辽河牌冰箱的所有者——辽宁营口营冷（集团）有限责任公司正式签约，双方共同出资2.4亿元，组建营口科龙冰箱有限公司。根据设计方案，营口基地也将具备年产50万台无氟电冰箱的产能。

一个月内连下两城，科龙公司的扩张意图一时令业内震惊。12月27日的《新华每日电讯》不无激昂地报道道："一个月之内，科龙集团越过岭南，在最具市场潜力的西南和老经济基地东北连出重拳，初步构筑成由华南顺德、西南成都、东北营口组成的稳固的产销'铁三角'。从容声三足鼎立所具备的集约化经营下的生产能力推算，1998年科龙集团冰箱产量将超过300万台，容声冰箱市场占有率将会在目前的17%的基数上再攀高8个百分点，达到25%以上的国际公认垄断线。"

"垄断"，这个在旁人听来充满攻击性的词语，现在确实已经成了容声冰箱的经营者们心照不宣的目标。随着经营数据的节节攀升，战略布局的日渐宏大，技术实力的不断增强，几乎每一个人都由衷地坚信，属于容声科龙的辉煌岁月，已经到来了。

第五章　辉煌岁月

向往巅峰，向往高度，结果巅峰只是一道刚能立足的狭地。不能横行，不能直走，只享一时俯视之乐，怎可长久驻足安坐？

——余秋雨

海外上市

对于中国宏观经济而言，1996—1997年是自1992年以来的新一轮高速发展的顶点。1997年夏季启兆于东南亚的亚洲金融危机，将深刻改变中国周边的经济环境，并在下一年对中国经济造成直接的冷却作用，使得中国经济发展的逻辑由外贸驱动型转向投资（房地产、基础设施建设）驱动型。而几乎与宏观经济的步调相一致，对于科龙公司来说，它也正享受着自创业以来最辉煌的时刻。

达到顶峰的一个标志性事件是1996年7月，科龙公司在香港联合交易所宣布挂牌上市。自1992年珠江冰箱厂实施股份制改造以来，"上市"便成了它极为迫切的一个目标。受限于国内上市指标的稀缺性，以潘宁为首的科龙领导层，将目光投向了海外，而最适合的上市目的地，当然是与广东紧邻且资本市场极为发达的东方明珠——香港。

当时，国内的证券市场才刚刚诞生不久，各项规章制度和机构都在建立过程中（例如，日后中国证券业的主管机构——中国证监会便是在1992年10月才成立的），境内上市的企业还非常少，海外上市更是罕见。中国第一家实现海外上市的企业是沈阳的华晨汽车，它于1992年10月在美国纽交所上市。由于华晨上市在一定程度上担负着改善中美关系的历史使命，所以得到了国家关键部门的全力支持，以致很难将它作为一种典型的案例来看待。而第一家在香港上市的中国企业是青岛啤酒，它于1993年7月在香港联交所挂牌上市。青岛啤酒是国有企业，青啤品牌又是世界名牌，这样的身份地位，科龙也是望尘莫及。

明知山有虎，偏向虎山行。自创业以来，科龙公司早已养成了迎难而上的习惯，越是有挑战，越是甘之若饴。1993年，科龙公司做了两个关键的工作，一是与海外承销商进行了初步接触，了解海外上市需要做的准备，并建立业务联系；二是聘请了原普华永道会计师李国明做财务总监，主抓海外上市工作。事实证明，这两项工作是卓有成效的，在李国明的主持和承销商的配合下，当年年底，科龙即运作了境外战略投资者的入股，一方面实现融资约4900万美元，另一方面则进一步优化了自身的股权结构，为上市奠定了基础。

1994年，科龙公司开始正式启动赴港上市工作，并邀请香港联合交易所主席李业广来公司考察。李业广对科龙公司的业绩极为赞许，要求科龙公司按照海外上市公司的规范来运作。受其鼓舞，科龙公司向省政府和国务院积极争取海外上市的名额。1995年9月，国务院证券委员会正式批准科龙公司为中国第三批海外上市预选企业之一。于是，科龙开始加紧筹备海外上市。根据联交所的要求，科龙公司按照《公司法》建立了完整的现代企业管理制度，理顺了和镇经济开发总公司之间的商标所有权关系（于许可期限、许可区域内在许可产品上无偿使用），完成了资产权属的清晰化和资产价值的评估。

经过一系列的准备工作，1996年6月，经国家有关部门批复，科龙公司被批准增发境外上市外资股（H股）20135万股。增资扩股后，外资股将占股本总数的47.55%[1]。紧接着，科龙公司又通过了香港联合交易所上市委员会的聆讯，获准在香港上市。至此，科龙在香港上市前的批准手续已经全部完成。

1996年7月上旬，公司董事会成员开始奔赴中国香港地区以及新加坡、法国、英国、瑞士、美国、日本等国家，开展上市路演工作。他们每到一地，便会见当地各类投资机构的负责人，推介科龙股票，并详细回答他们感兴趣的问题；同时，科龙公司还分两批邀请50余名香港的基金经理和证券分析师到公司实地进行考察。彼时的境外投资者对中国市场有着美好的预期，但对中国公司又普遍认知不深。科龙与外界的坦诚交流，对中国公司走向世界显然有着极为正面的作用。

---

[1] 容奇镇政府仍通过镇经济发展总公司旗下的广东科龙（容声）集团有限公司持有科龙公司41.96%的股份，为科龙公司的实际控制人。

1996年7月23日，随着港交所一声锣响，科龙公司H股在香港正式挂牌上市了。此次，科龙公司共发行20135万股H股，每股发行价为港币3.67元，市盈率7.07倍，总融资额逾8亿元人民币。凭借此次上市，科龙公司成为大陆首家在香港上市的家电企业，也是首家在海外上市的乡镇企业。从一家镇办小厂走向代表全球资本高地的香港，这恐怕是潘宁等人在创业之初不敢梦想的，然而，这一切竟在短短13年后就变成了现实。三天之后的7月26日，科龙公司在北京钓鱼台国宾馆隆重举行"科龙公司H股在港成功上市新闻发布会"，公司董事长兼总经理潘宁、监事会主席李棟强参加了发布会并讲话，中央有关部委领导出席了发布会，中央电视台、中央人民广播电台、《人民日报》《经济日报》等50多家权威媒体进行了报道，科龙公司的社会影响力一时间达到巅峰。

不过，由于1996年7月正值香港股市一轮长牛行情中的回调点，科龙H股的当天交易情况并不乐观，收盘时仅报港币3.125元，跌破了发行价。但数个交易日之后，伴随着整体行情的迅速回暖，科龙股价开始向上攀升。特别是1996年底，科龙公司宣布连续并购两个全新的生产基地之后，科龙H股的股价一度上扬至港币6.6元。1997年7月，科龙在港股牛市的顶点之上实施增资扩股，再次筹得资金达人民币7.5亿元。当年8月，科龙H股最高价达到港币12.3元，相当于在一年时间内，比招股价上涨了235%。虽然其中有市场整体氛围火热的因素，但也在一定程度上说明了国际投资者对科龙公司运行势头的乐观预期。

抱憾之功

海外上市对科龙公司来说意义十分重大，其最为直接的影响是，科龙的资本实力由此迅速增强，因而得以加速扩张。科龙是乡镇企业出身，受限于股东层级和财政实力，容奇镇为其注入的资本金比较有限。因此，上市之前，科龙公司主要因循内生型发展的道路，通过运用历年的利润留存进行再投资，从而扩大生产、做大规模。得益于在质量、技术、广告上"高举高打"的战略，科龙公司稳步成长为全国实力最强的冰箱生产企业之一。然而，随着冰箱业产能的不断放大，"四强争霸"的格局基本形成，容声冰箱的市场占有率也已经接近二成，继续在单一行业内依靠内生型发展来提升规模，势必遇到一定的瓶颈。此时，借道资本市场融得资金，并通过收购、合资等方式扩大产能、切入新领域，就成了必然的选择。事实上，科龙公司通过引进战略投资者、IPO、增资扩股等方式，前后融得资金约人民币25亿元。正是这些资金帮助科龙收购冰箱生产基地、投产冷柜产品、扩产空调产品等，在白电产业的大发展中，抢得了领跑者的优势。

更不可忽略的是，借助海外上市，科龙开始从一家本地色彩浓重的传统企业，向具备国际化视野的现代企业转型。从80年代到90年代初期，尽管容声冰箱声誉日隆，珠江冰箱厂所提供的薪酬也极有竞争力，但从管理层到一线员工，它的人员构成的主体仍然是顺德本地人，乃至于日常交流都以使用粤语为主。这种植根于同乡同族的企业文化，确实增强了企业的凝聚力，但从另一个角度来看，它也缺少了全国作战乃至于全球作战所必需的多样性和大格局。而到了1996年，在科龙公司身上，一些可喜的变化发生了：通过海外上市工作的开展，它在管理层中吸收了一些国际化人才，这在一定程度上弥补了创业元老长期担任重要职位所带来的眼界不够开阔、革新动力不足的缺憾；而且，由于资本大大增厚，科龙公司便以相当优厚的待遇在全国范围内招聘优秀的管理人才、技术人才，并不吝惜于耗费巨资聘请咨询机构，帮助自己建立最先进完善的管理制度，当时有不少从国营企业投奔而来的人才，在谈及科龙公司的管理制度时，都直言"不敢相信这是一个乡镇企业"，因为它"完全按照流程和规章来运行，最大程度地减小了直线管理的负面影响"。

如果我们系统地梳理回顾科龙的创业历程，并借助后验者的便利分析它的衰落原因，则可以清晰地感知到，1996年的海外上市对于科龙来说，是如此的至关重要，又是如此的令人遗憾。

所谓的至关重要是指，科龙确实因此而有了"脱胎换骨"的可能。回顾历史，我们可以发现，科龙之所以能从一家微不足道的乡镇企业，发展成为明星产业中的明星企业，实在是许多"巧合"聚集在一起的结果。譬如说，它"恰好"地处靠近港澳的顺德，所以易于接触先进的观念、产品和设备，于是便有了先人一步的可能；它"恰好"选择了处于启动前夜的冰箱行业作为自己的创业方向，正是在这个容量巨大的蓝海行业中，才有了迅速壮大的可能；它恰好有一个高瞻远瞩、深孚众望的领袖人物，在最初的十余年里，潘宁所做出的主要决策几乎全被证明为是正确且领先于市场的，而他的威望又保证了决策执行的速度与质量，这使得科龙得以安然穿越宏观经济的周期性波动，一路向前疾驰；它又"恰好"被一个通情达理、思想开明、勇于改革的地方政府所管理，在整个八九十年代，顺德堪称是全中国营商环境最好的地方之一，从广东省、顺德县到容奇镇，对科龙的支持几乎可以用"不遗余力"来形容……但是，对于企业而言，所有的这些"巧合"都是外部因素，如果它自身无法随着规模的膨胀而蜕变，不能生长出自我进化的机制，那么当有利的外部因素变化甚至消失，它庞大的身躯就有可能压垮赢弱的筋骨。而科龙在1996年的海外上市，正是一种"锻造筋骨"的过程，通过管理机制和人员的"换血"，它确实在一步步向更具有自我进化能力的现代企业转型。

所谓的令人遗憾则是指，科龙完成自我进化的速度不够快，而命运留给它的时间又太短了。在后面的章节中，我们马上会看到白电产业即将到来的大变局，是如何使科龙陷入泥沼、举步维艰的。有些外部评论者认为，科龙衰落的核心原因是产权清晰化问题一直没有得到解决，这或许是过于求全责备了。在当时的政经环境下，产权问题彻底解决的企业是少数，未解决的是多数，而一些龙头企业直到今天也没有将产权彻底"清晰化"，但这似乎并没有阻碍它们持续成长为行业中的佼佼者。在笔者看来，导致科龙衰落的原因非常复杂，而其中很重要的一点，是当家电业不可逆转的大变局来临之时，科龙公司的核心决策层（包括潘宁本人在内）因为自我进化不足而未能快速适应，业绩一旦出现落差，则所有权问题带来的政府干预、内部裙带关系复杂带来的成本损耗等这些长期存在却被成就所掩盖的"病症"，就一起爆发出来，并最终绞杀了这条"强龙"。假如科龙在海外上市之后，借助多元化的股权结构，弱化控股股东对公司的直接干预，搭建更现代化和多元化的核心管理层，全面提升自己的决策能力和经营能力，加快骨干队伍的更新换血，那么，中国家电业后来的格局很可能会大大不同。然而，命运当然无法假如。正如美国管理学家、作家吉姆·柯林斯在其畅销书《从优秀到卓越》中开宗明义地指出的那样，"优秀是卓越的大敌"，科龙的优秀使它丧失了自我革命的动力，进而也失去了走向卓越的机会。

荣誉等身

科龙的衰退还是后话，在1996—1997年间，它密集地获得了多项十分难得的荣誉，这大大提升了科龙公司在公众心目中的地位，让它的高光时刻显得极为璀璨。

1996年5月，由中国企业管理协会、中国企业家协会和企业管理科学基金会组织评选的1995年度优秀企业"金马奖"获奖企业公布了，全国共有10家企业获得此项殊荣，代表了国内各个行业的最高水平，而科龙公司也位列其中，成为家电行业中唯一获奖的一家。[1] 在颁奖理由中，评奖者对科龙可谓不吝

---

[1] 王玉森, 侯伦. 跨世纪的歌：广东科龙集团公司发展史 [M]. 北京：改革出版社, 1997 年版.

赞美之词："广东科龙电器股份有限公司在企业发展过程中，坚持改革，深化管理，走质量效益型道路……充分发挥乡镇企业机制的优势和特点，依靠技术进步和科学管理……靠质量创名牌，向名牌要效益，向管理要效益，向高科技要效益。目前，广东科龙电器股份有限公司已拥有雄厚的专业制冷技术与制造实力，成为中国制冷行业中最具现代化规模的、具有90年代国际先进水平的企业。"荣获这一桂冠，意味着科龙获得了国内主流舆论的高度认可。

一年之后，科龙的拳头产品——容声冰箱也获得了国际级别的褒奖。1997年9月，潘宁受邀赴纽约出席了联合国蒙特利尔多边基金组织的臭氧层保护颁奖典礼。科龙公司是唯一受到邀请的中国公司。自这天起，联合国总部和蒙特利尔联合国大厦分别收藏了一台容声BCD-196型无氟环保冰箱，以肯定科龙公司对全球环境保护所做出的杰出贡献。联合国环保部长弗兰克·彼图称赞科龙是"发展中国家企业保护环境的一面旗帜"，并称"科龙集团的环保项目是蒙特利尔多边基金受援项目中最成功的一项"。

好事成双，仅仅一个月之后，即1997年10月，在香港举行的世界经济论坛第六届东亚经济高峰会议上，科龙公司总裁潘宁又代表科龙公司，从世界经济论坛主席克罗斯·施瓦布手中接过了"东亚最佳全球性经济增长公司奖"。这是一个评奖条件极为苛刻的奖项，在此之前从来没有一家中国企业获得过。它的当选条件包括：增长迅速，过去连续三年的增长率保持两位数；施行全球战略，并有足够的海外业务；在该地区本行业具有主导地位；管理层高瞻远瞩兼具良好信誉。科龙能够拿下此项荣誉，标志着其发展已经得到了国际社会的关注和承认。

由于科龙公司优秀的业绩和畅达的投资者关系，海外投资者们也对它给予了高度的评价。在1998年第一期的香港《亚洲货币》杂志上，主办方根据对全球250名基金经理及150家投资机构进行访问的结果，从在港上市的公司中，分别评选出"亚洲地区管理素质最佳公司""最佳投资者关系公司"。在红筹、H股和B股类别的公司中，排名第一的正是科龙公司。[1]

与此相伴的是，潘宁个人的威望也达到了顶点。1997年前后，《南风窗》杂志社组织了一次论坛，当与会者被问到对广东哪些企业老总有印象时，海尔的老总张瑞敏沉思片刻，说了唯一的一个名字"潘宁"。[2]海尔和容声是冰箱领域最直接的竞争对手，两者均被认为是国产冰箱中执牛耳者，颇有"北海尔，南容声"之美誉，得海尔老总金口一赞，可见科龙公司和潘宁本人在行业中的威名之盛。

纷至沓来的光环使得科龙公司达到了荣耀的顶点。几乎所有人都毫不怀疑，冰箱产量已经达到中国第一、世界第五，空调产量已经达到中国第五的科龙公司，一定会在不久的将来，作为中国公司的优秀代表，到国际市场上和跨国公司正面竞争。

然而，可能连潘宁本人都不会想到，他的雄心壮志即将在下一年化为灰烬。1998年，亚洲金融危机的寒风冻伤了中国经

[1] 刘荷清."中国冰箱王"的全球战略——记广东科龙集团 [J]. 中国经贸画报. 1998 (05): 30–33.
[2] 何志毛. 红黑科龙 [M]. 杭州：浙江人民出版社，2003 年版.

济，却并没有击倒科龙；但一桩"拧巴"的并购案，却即将撕裂它的前行计划，并使得科龙鲜花着锦一般的繁华之下，透出常人难以察觉的冷冽气息。

第三部
盛世的悲歌

第六章 转折之年

成功会孕育出保守主义，一旦安于现状，脑筋就无法接受外界的变化。

——弗兰克·波波夫（陶氏化学前董事长）

危机发酵

1998年3月19日，新任国务院总理朱镕基在九届全国人大一次会议举行的记者招待会上提出，当届政府的任务，概括起来说是"一个确保、三个到位、五项改革"。其中所说的"一个确保"，是指确保今年中国的经济发展速度达到8%，通货膨胀率小于3%，人民币不能贬值。

新总理做出此番表态的背景，是其时肆虐正凶的亚洲金融风暴。90年代，以泰国、马来西亚、印度尼西亚为代表的东南亚各国通过大量原料、农产品和初级工业品的出口，实现了较长时间的经济繁荣，吸引了大量国际游资的流入。然而，这些国家的高增长是建立在低附加值产品的大规模出口之上，生产力水平的提升有限，经济增长的成果在很大程度上表现在资产价格的泡沫化上，特别是这些国家在条件未成熟的情况下放任金融自由化，这给其快速崩溃埋下了祸根。1997年中期，已经显现出衰退迹象，而本币汇率却依然在高位盯住美元的泰国，成了以量子基金为代表的国际炒家的沽空对象。国际炒家在外汇市场上，持续借入泰铢并以固定汇率不断抛售，导致泰国的外汇储备急剧下降。7月2日，泰国官方被迫放弃固定汇率制，改为浮动汇率制，当天泰铢汇率即狂泻18%，这造成了市场的极大恐慌，并引发了大规模的资本外逃。紧接着，菲律宾、印度尼西亚、马来西亚、新加坡等东南亚各国，以及韩国、日本等东亚国家，中国香港地区亦遭受波及。1997年底至1998年，除香港在中国中央政府的支持下强硬宣布联系汇率制不变之外，日元、韩元、新元、马币、泰铢、菲律宾比索等主要货币均出现大幅贬值，亚洲金融风暴爆发了。

在一片恐慌的气氛之中，人们都在焦急地观望中国的举动。这个崛起中的大国已经是西太平洋地区仅次于日本的第二大经济体，而且，相比于日本经济在90年代初资产泡沫破裂后的持续低迷，中国经济仍然表现出了旺盛的生命力。另外，众所周知的一点是，由于中国对资本项下外汇的严格管制，国际游资缺少直接做空人民币的手段，因此中国货币当局在人民币汇率的控制上有相当大的自主权。如果中国继续保持经济增长和币值稳定，将会对东南亚和东亚走出低谷起到中流砥柱的作用；反之，如果人民币也随其他货币一同快速贬值，则将造成更大的恐慌，形成类似于踩踏效应的恶性循环，国际资本将从西太平洋地区争相撤出，这显然将给该地区的经济复苏带来巨大的困难。

然而，此时的中国也处在两难境地中。一方面，保持人民币币值稳定，可以稳定国际投资者的预期，减少资本大规模外流给中国经济带来的不利影响，同时提升中国在整个西太平洋地区的政治经济地位；另一方面，坚持人民币不贬值，也将使中国经济付出巨大代价：到1997年，外贸出口在GDP当中所占的比重已经达到了20.3%，坚持人民币不贬值，将使得中国产品在出口中丧失比较优势，拖累出口增速。事实上，中国经济此时在内生增长方面已经开始遭遇困难：经历了几年高速增长之后，投资过热造成的产能过剩、企业盈利水平下降而负债率上升、银行业出现大面积坏账等问题开始浮出水面。根据国家统计局的观测，尽管1997年全年经济增长速度基本适度，但前高后低，上半年增长9.5%，下半年增长8%左右，已经出现了持续减速的趋势。根据宏观监测预警系统，到1997年底，经济运行已处于"正常"与"偏冷"区间的交界处，客观上存在继续减缓的惯性。

在内忧外患之中，中国政府最终坚守了"人民币不贬值"的承诺，在对区域经济稳定做出重大贡献的同时，也付出了沉重的代价。根据中国国家统计局的统计，1997年中国出口总额的同比增速还高达21%，到1998年即断崖式下跌至0.5%。受此影响，中国宏观经济明显承压，GDP增长率由上一年的9.2%速降至7.8%。

在经济寒冬之中，竞争本已趋于白热化的家电行业，生存环境也变得愈加艰难。一方面，由于过去几年的投资热潮，供给侧正在变得越来越"拥挤"。以冰箱行业为例，在90年代中期，行业中一度出现"四大家族"垄断市场的局面，合计市场占有率达到70%以上；但现在，不仅国际巨头伊莱克斯、LG、夏普、松下、三星等开始进入或重返中国市场，荣事达、春兰、小天鹅、康佳等家电企业也跨界进入了冰箱行业，[1] "四大家族"的市场占有率在很短的时间内便回撤了10个点左右。另一方面，景气度下降带来的消费萎缩，更加凸显了产能过剩的尴尬现状。根据一项调查显示，到1997年末，电冰箱和空调的全行业产能利用率分别只有41%和30%[2]；而另一项调查则显示，在1998年的1—7月，受消费市场低迷的影响，冰箱全行业总产量较上年同期下降了10%[3]。

不过，像科龙这样的行业领军企业，其抗风险能力显然在大多数对手之上。因此，至少从表象上看，它的繁华还远没有结束。根据经济学家周其仁在他的专栏文章《可惜了，科龙》中的回忆，1998年，潘宁还在科龙成都基地视察冰箱生产线的建设情况。他这样写道："当时中国出现通货紧缩，经济景气'冷'得厉害，科龙偏偏在那个时刻大举投资，不能不触发我的好奇心。当面问潘宁，他只回答了一句——到热的时候就晚了。"显然，此时的潘宁，还在踌躇满志地推动逆周期扩张战略。

这种策略是否正确，见仁见智。许多历史经验证明，经济

[1] 吴文学 . 家电企业争吃"冰箱饭" [J]. 企业经济 , 1999 (01): 51–52.
[2] 钟青 . 家电业：薄云朝阳别样红 [J]. 中国质量技术监督 , 1999 (06): 25.
[3] 吴文学 . 家电企业争吃"冰箱饭" [J]. 企业经济 , 1999 (01): 51–52.

不景气往往能带来行业集中度的提升，那些敢于在冬天深埋种子并坚持活下来的勇者，常常在温暖的春夏迎来一树繁花。事实上，从市场渗透率[1]的情况来看，白电行业的天花板还远未达到。林毅夫的统计表明，在1998年，冰箱在城镇和农村的每百户居民拥有量分别为76.1台和9.3台，[2]从这个数据来看，科龙的扩张有其市场基础。

但是，冰箱行业的竞争重点是否还集中在产量上，已经成了一个答案十分可疑的命题。从80年代到90年代中期，冰箱行业确实处于完全的卖方市场，尽管彼时的冰箱价格之高几近于奢侈品，但品牌冰箱始终处于供不应求的状态，产量几乎就等于销量。在这一市场背景下，谁能拥有最多的产能，向市场投放最多的产品，几乎就等于获得了最高的市场占有率。于是，各家电制造商纷纷采取"抢先填满市场需求"的策略，将产能视为至关重要的竞争能力。

但情况正在悄然间发生逆转。随着全行业产能的迅速增长，从90年代中期开始，白电行业开始向买方市场转变，消费者不必再无分良莠地争抢货物，而是开始挑挑拣拣，产品滞销而变为长期库存的可能性大大增加。在这一背景下，各品牌企业不得不各显神通，大打营销战、服务战，以争夺消费者的预算。譬如，海尔大打"真诚到永远"的广告，推出"只要一个电话""服务一条龙""送装一体"等服务内容；新飞

---

[1]　市场渗透率（Market penetration rate）是对市场上当前需求和潜在市场需求的一种比较。

[2]　林毅夫 . 走出通缩困境的突破口——农村 [J]. 中国经贸 , 1999 (09): 22-23.

推出"绿色通道"工程，在全国设立24个服务中心、550个服务站……

科龙并非没有感受到压力。一个标志性的事件是，1996年底，容声冰箱的销售队伍开始扩容。在此之前，容声的销售团队构成非常简单：全国数十个省级行政区，每省派驻一名销售员，其主要工作职责是坐在办公室里，给本省各大经销商批条子发货。销售队伍扩容，意味着依靠传统的"坐商"模式进行销售已经无以为继，不得不开始加大推销的力度。

潘宁对此已有焦虑之情。《羊城晚报》一位与科龙有着十几年交情的资深报人说："早在1997年，科龙就发现自己有比较严重的问题了。"[1]一位在科龙服务多年的资深员工至今仍然记得，当时的潘宁已经在内部会议上公开表示，科龙公司已到了需要"突破瓶颈"的时刻了。但究竟应该如何"突破"，仍然没有定论。以潘宁、陈福兴、王国端为代表的这一群创业先锋，到此处终于开始显现出自己的局限性——他们如此地擅长精细生产、质量控制、产能投建、人员管理，却对如何优化自己的营销体系拙于应对。数年后，从咨询机构北京派力营销管理咨询有限公司空降到科龙做营销副总的屈云波，对于科龙的问题曾有一语："科龙的销售系统比同类企业至少落后三到五年。"他给出的药方则是"科龙要把生产导向转变为营销导向"。屈云波对科龙的改造难言成功，但这番诊断却是一针见血。

---

[1] 段传敏. 科龙革命500天 [M]. 广州：广州出版社，2002年版.

苦涩的并购

当潘宁们正在为如何"突破瓶颈"而焦心的时候,一场意料之外的并购案却突如其来,在渐有"虚胖"之感的科龙身上,又套上了一个沉重的枷锁。

这是一场典型的"中国式"并购案。之所以说它是"中国式"的,因为这是一桩在完全竞争性的领域内,收购主体和被收购方都无意愿达成交易的情况下,被地方政府以行政指令"拉郎配"的并购案。在整个90年代中,政府主导产业并购屡见不鲜,通常都是用经营状况良好的国有企业(优势企业)去兼并收购亏损严重的国有企业(劣势企业),以达到稳定就业、保全国有资产等目的。有一位连续兼并数家亏损企业的国营工厂厂长,曾经对着记者说道:"兼并是企业行为,但绝不是企业的自发行为。"其弦外之音不言而喻。现在,科龙就成了这一模式中的"优势企业"。

被"拉郎配"的另一个企业,正是与科龙隔德胜河而望,明争暗斗数年的华宝空调。华宝空调的兴衰是另一个令人唏嘘的故事。1988年,因产品滞销而濒临倒闭的顺德县国营小厂顺风电子厂,走上了转产空调的道路,并成功开发出中国第一台分体式空调。这款被命名为"雪莲"的空调产品,颇有弱胜强、柔克刚之巧劲,一时间击退了市面上普遍存在的窗式机,引领中国进入分体式空调时代。1991年,顺风电子厂顺势改名为华宝空调器厂,开发出第二代产品,华宝品牌诞生,并凭借"华宝空调,着着领先"的广告语风靡大江南北。到1992年，华宝的产值已经突破10亿元，并排在了全国家电行业单一牌号产品年销量第一的位置，在空调领域闯出了"北春兰，南华宝"的威名。1992年科龙首次进入空调领域时，曾将华宝视为自己的榜样和直接竞争对手，并提出"三年赶上华宝"的目标。

对华宝而言，转折发生在1993年。这一年，顺德市正在大力推动全市的国有企业、乡镇企业改制。秉承"靓女先嫁"的原则，华宝空调器厂也被推向了市场。在很短的时间内，华宝空调器厂及其母公司华宝集团（原顺德市经济开发总公司）的控股权被卖给了香港翁氏家族控制的香港蚬壳股份集团。大概是由于这次股权交易过于草率，新任大股东和原管理层之间出现了不可调和的矛盾，华宝空调的创始人、厂长黎钢选择挂冠而去，大量骨干力量纷纷流失。时值空调产业竞争进入白热化阶段，华宝的内乱等于将人才和市场拱手让人，于是，科龙空调、格力空调等后来者趁势壮大。一年之后，港商见对立状况缓解无望，便以苛刻的条件退出股份，华宝不仅贻误了战机，还落得竹篮打水一场空的局面。

回到顺德政府手中的华宝空调，其产能在行业中仍排名前列，品牌和渠道也有相当的影响力，但华宝在经济高涨期做了大量的低效投资，导致其负债高企，资金链十分紧张。到1998年时，华宝的债务问题已经十分严重，甚至酿成了危机。为挽救华宝，当地政府决定让科龙收购华宝。在他们看来，此举不仅能够借助科龙雄厚的资金实力解决华宝的债务问题，还能打造一个冰箱年产能达到300万台、空调年产能突破150万台的白电业巨型航母。

科龙当然愿意扩大空调产能，但潘宁等人却对并购华宝怀有疑虑。华宝看起来像是一座根基不稳、四面漏风的屋子，与其冒险花费时间、精力和资金去修缮它，倒不如在科龙的空地上新建一座。然而，科龙的控股权在政府手中，潘宁虽然素有威望，在程序上却无法抗拒股东会的决定；而且，据说政府提出了一个让他无法拒绝的补偿条件——为科龙争取一个国内上市的指标（而后，在1999年5月，科龙A股在深圳上市，募得资金主要用于收购华宝和其下属的大型注塑厂）。[1]在"胡萝卜加大棒"的压力之下，潘宁无奈退让，科龙收购华宝遂成定局。

1998年8月1日，华宝易主。一篇报道记录道："1998年8月1日，华宝近千名员工坐在顺德容奇镇体育馆黯然神伤，因为散会后，他们就要归到一桥之隔的科龙麾下。当他们走出大厅时，久候在会场外的记者们蜂拥而上。许多人刻意地回避着记者的镜头，躲闪不及的则快速把佩在胸前的华宝员工标志塞到口袋里。"[2]

但它并没有记录下科龙人的心情。事实上，在一片"强强联合""打造航母"的赞歌背后，多的是科龙人的嘀嘀咕咕："华宝效益并不好，包袱又那么重，收了它干吗？"

于是，科龙并购华宝就成了一桩貌合神离的"拧巴"交易。或许正是由于并购双方发自内心的怀疑和抗拒，加上华宝的债务纠纷非常复杂，科龙与华宝的重组用了一年时间才算完

---

[1] 段传敏.科龙革命500天 [M].广州:广州出版社,2002年版.
[2] 蒋晓敏.华宝空调:"着着领先"成绝响 [N].南方日报,2017-08-24.

成。在这一年的动荡期中，华宝的精英团队和销售渠道分崩离析，被美的、格力等竞争对手瓜分完毕，科龙费尽九牛二虎之力买来了华宝的品牌和产能，却将市场拱手让人，华宝的品牌价值几乎被消耗殆尽。这项轰动一时的收购结果是，科龙空调市场地位不但没有上升，反而有所下降，而华宝从原来一度位居空调全国三强的位置上急坠直下，甚至被挤出十名开外，两者销售额总计也只处于空调第二集团军的位置。有人因此评论，收购华宝可谓是科龙发展历程的分水岭和历史转折点，此前的科龙意气风发，销售额和赢利在同行业中名列前茅，处于鼎盛时期，但收购华宝之后，科龙在市场上销售提升滞重，并开始暴露种种危机。[1]

离奇的辞任

对科龙来说，它的流年不利并没有到此结束。到1998年底，一个更具有转折意义的事件突然发生了。12月1日，科龙发布公告，宣布潘宁辞去公司总裁职务，接任这一位置的则是他多年的副手和创业伙伴王国端。[2]

潘宁的辞任是在一种毫无征兆、毫无缘由的情况下发生的。就在不到三个月以前，他还主导并出席了"万龙耕心"工程的内部发布会，并在一面巨大的彩旗之上率先签下名字。所

[1] 段传敏.科龙革命 500 天 [M].广州：广州出版社,2002 年版.
[2] 此时潘宁仍保留科龙董事长的身份，但几个月后（1999 年 4 月），他又辞去了董事长的身份，彻底淡出了科龙。

谓的"万龙耕心",是科龙在新时期重塑企业文化的一项全员工程,其用意当然是通过唤起员工的竞争意识,增强团队的凝聚力,来实现"突破瓶颈"的愿望。暂且不论这种运动式的思想动员是否真能达到提升企业竞争力的目的,但这至少证明,潘宁仍在为如何推动科龙继续前进而殚精竭虑。另一个侧面的印证是,据这段时间与潘宁有过数面之缘的周其仁的观察,"潘宁下其实对下岗没有做好准备。在过去的一年多里,他一直在四处奔波"。[1]

对于自己的辞任,潘宁在外界面前保留了相当的体面。据说潘宁在辞去职务后,对媒体有两段赠言。其一是"现在退下来,我觉得非常的荣幸。因为国内好多知名的企业家,有的升了官,有的没有后继力,还有的犯了错误,极个别的上了刑场。像我一样干到65岁的企业家屈指可数。我光荣退休,确实好荣幸"。其二是"以后科龙的事你们别再采访我,我不再发表任何评论,以免干扰新班子工作。要退就彻底退,我不做慈禧太后,那样只能害人害己"。[2]对于辞职的缘由,潘宁只字未提,倒是立刻与科龙"约法三章":"不保留办公室,不拿科龙一分钱退休金,不要科龙一股股份。"作为一家明星企业的创始人,以如此干脆利落的方式,与自己创办的企业做主动"切割",这几乎可以用"空前绝后"来形容了。临别时,他还即兴创作了一首诗,留给部下做纪念,诗云:"服务乡企数十年,纵横家电愤争先。闯破禁区成骏业,寄语同仁掌霸鞭。"后来,围绕其中的一

---

[1] 吴晓波. 大败局 Ⅱ [M]. 杭州:浙江人民出版社,2007 年版.
[2] 李珉. 一个科龙 两种退法 [J]. 中国企业家,2000 (08): 58-60.

个"愤"字，又引来诸多解读与猜测。

潘宁突然辞职的真实原因一直是个谜团，由于他本人始终闭口不谈，再加上科龙后来跌宕起伏的命运，外界对此颇多关注。一种比较友好的说法（这也是潘宁和他的继任者王国端力图表现给外界的）是，由于年纪的原因，潘宁早已有主动让贤之意，但在容奇镇政府和领导班子的一再挽留下，才勉强留任至今，直到有一天他提出"我已经60多岁了，我希望你们能给我退休以后多留一点私人的时间，生活得好一点"之后[1]，考虑到这是一个极为恳切的私人要求，镇政府和科龙领导班子才同意他的辞任。这当然是一种无懈可击的说法，但潘宁的退出姿态如此决绝，以至于到了"过敏"的地步，让人很难相信他的辞职是你情我愿之举。

另一种猜测则是，由于潘宁属于"国家干部"，因而必须符合到龄退休的规定。这仍然是一种十分可疑的说法。一方面，潘宁在退休时早已过点，何以到点不退，过点才退？另一方面，潘宁在创业前为容奇镇工交办副主任，但此时早已没有政府公务员身份，何来到龄退休之说？即便必须卸去政府身份，做上市公司总裁却没有任何法律法规限制，何以非走不可？

第三种猜测认为，潘宁的辞任是客观条件制约，因而不得不退。在这种观点看来，潘宁对科龙的危机已有意识，并认为必须掀起一场大变革，才能重新推动科龙出发。但如果还是自己这样的"老人"在台上，那么积年的利益格局必定多方牵

---

[1] 中国经营网.制冷王国没有发生权利震荡——访科龙股份公司董事长王国端[EB/OL].http://www.cb.com.cn/laoban/2018_0123/1221536_2.html.

绊，推动变革一定束手束脚，所以决定退位让贤，寄希望于后来者。这一说法合乎逻辑，事态的发展对此也有所印证（后来王国端果然掀起了一场"科龙革命"），但却没有任何可信的旁证以资支持。

最后一种观点流传最广。在许多外部观察者看来，潘宁的突然离去，根源正在于科龙的产权体制问题。科龙的崛起源于1983年出世的容声冰箱，而容声冰箱的出生，一方面是得益于容奇镇政府拨付的9万元冰箱试制费，另一方面却靠的是以潘宁、陈福兴等为代表的一代创业者的聪明才智与辛勤付出。然而，80年代初成立的企业，不是国有就是集体，企业家的人力资本投入是不被承认的。不认同人力资本在资本增值中的作用，当然很难激发出"企业家精神"，这也是国有企业、集体企业在90年代出现普遍亏损，急需通过改制来重新激发活力的原因。但是，在率先刮起转制之风的顺德，科龙却迟迟没有改制的举动，一直到潘宁辞任，科龙的实际控制人还是容奇镇政府，这让人很容易联想到，潘宁和健力宝的创始人李经纬一样，实际上是政企博弈中的失意者。

不过，也有接近科龙的人反对这种说法。在他们看来，潘宁作为企业的缔造者和领导者，"做人很厚道"。而且潘宁是顺德本地人，当过兵，创业前官至顺德市容奇镇工交办副主任，还是党员，"这种经历让潘没有什么私心杂念"。[1]另一方面，与大多数国有企业不同，科龙的薪酬体系严格按照国际

---

[1]　肖南方.解密科龙局（一）：科龙四度换帅内幕 [EB/OL]. http://www.emkt.com.cn/article/237/23764.html.

惯例来运行,据说潘宁在位时,他的薪酬是300万港币,远非一般国企经营者所能比拟。[1]有这种制度的支持,加上谦冲平淡的个性特征,"潘宁推动科龙私有化未果反被政府逼退",或许真的只是外界一厢情愿的猜测罢了。

改制之叹

但无论潘宁的辞任是否与产权体制有关,从宏观环境上来看,一大批国有企业、乡镇企业确实已经到了"不改不行"的地步。本章开头中,新任总理提出了当届政府的施政目标"一个确保、三个到位、五项改革",而"三个到位"之中,有一项就是"确定用3年左右的时间使大多数国有大中型亏损企业摆脱困境,进而建立现代企业制度"。

80年代以来,以"放权让利"为特征的国有企业改革方向,在短缺经济的氛围中曾一度有力地鼓舞了企业的生产积极性,从而大幅度提升效益。然而,随着市场竞争环境日益复杂,单纯的放松经营管制越来越不足以使国有企业保持活力。1996年进行的第三次全国工业普查的数据表明,国有工业企业存在以下若干问题:一、资产效率低:国有工业按资产总额计算占全部工业的53.7%,但按工业总产值计算却只占全部工业的34.1%;二、增长速度慢:国有工业总产值比上年增长8.2%,但同期集体工业增长15.2%,个体工业(含私营)增长

---

[1] 周汉民. 潘宁:成功者的 6 个 "不一样" [J]. 南风窗 , 1999 (10): 42-44.

51.5%，"三资"等其他经济类型工业增长37.2%；三、盈利能力差：盈亏相抵后国有工业企业实现利润665.6亿元，比上年下降12.3%；四、债务负担重：国有工业资产负债率达到65.8%，高于工业化国家企业的平均负债率水平。

同时，以"苏南模式"为代表的乡镇企业发展也遇到了瓶颈。由于政企不分、产权虚化等"类国有"的痼疾缠身，这些原本机制灵活的企业渐渐也变得步履维艰。经济学家董辅礽在考察苏南之后，很直率地说："说白了，苏南模式就是二国营。"连时任江苏省委书记陈焕友都在大会上痛陈："随着社会主义市场经济的深入发展，苏南模式遇到了新情况、新问题，突出表现在所有制结构比较单一，政企权责不分，企业产权不明晰，原有的机制活力逐步减弱。集体所有制的乡镇企业已渐为旧体制所'同化'，活力锐减，而且许多地方领导仍抱住苏南模式不放，片面强调集体性质的公有制，阻碍发展非公有制经济。"[1]

具体到科龙这个个案，尽管导致科龙衰落的原因是复杂的，但我们仍然可以看到，地方政府一股独大所带来的体制弊端，确实严重拖累了它的发展。

一是地方政府对企业具体经营方向干预过多。毋庸置疑，科龙之所以能够快速腾飞，确实得益于顺德、容奇两级政府的全力支持，但政府的手是"一体两面"的，它既可以拽着企业飞奔，也可以拖着企业倒下。作为一家明星企业，当科龙成为

---

[1] 吴晓波.激荡三十年：中国企业1978-2008（下）[M].北京：中信出版社，2014年版.

地方政府"施政工具套装"中最闪亮的一件时，它的悲剧结局已经很难避免。过去，当企业的发展势头足够好而管理层又足够强硬时，还能在一定程度上消解政府带来的压力（譬如拒绝通用的控股）。但这始终是一场不对等的较量，时移世易之后，科龙最终难免被迫接受一场失败的并购。实际上，国家体改委也曾经警示过兼并重组中的六种不良倾向，其中有一项便是"行政捏合，不顾出资人和企业意愿，不顾未来市场前景，强行搭配"。但是，对于有着复杂执政目标的地方政府，想要求它克制伸出自己有形的手，实在是太难了。

二是所有者缺位、管理层固化导致裙带关系复杂、跑冒滴漏严重。科龙虽然在H股上市以后形成了多元化的所有权结构，但容奇镇政府一股独大的状况没有改变。科龙中层以上管理层人员虽然在改制中普遍持股，但持股量只有数万股至十万股不等，与科龙公司近10亿股的总股本相比，几可忽略不计。结果是，除了少数有公心的人之外，大多数人并没有真正将科龙当作"自己的公司"，而是根据自己的权力范围"各显神通"，盘踞在科龙庞大的身躯之上，争相吸血。加上科龙十几年间一直顺风顺水，又以人性化管理著称，中层以上管理人员更新速率极慢，使得利益格局更加稳固。一位在科龙服务多年的核心员工曾在一个私下场合透露说，彼时的科龙中层以上干部，只有两人没有私设产业为科龙做配套服务。在这种情形下，其成本管理可想而知。科龙后来的两任总裁，徐铁峰和顾雏军，都曾声称在他们任上将综合成本挤去了百分之十几和百分之二十几，如果其言属实，那么，科龙是在背着一个什么样的包袱和人赛跑啊！[1]

三是因为背靠政府，加上企业逐渐变大，养成了官僚习气蔓延、层级过长、管理僵化的毛病，在越来越激烈的市场竞争环境下，反应反而越来越迟缓。给"万龙耕心"工程做顾问的时任华南理工大学副教授陈春华在进入科龙之后，注意到一个现象。科龙开会时，总是大领导先开口作指示，然后二领导、科长、科员，几乎没有僭越的现象发生。而"下工序"开腔的几句话，肯定是先附和"上工序"，然后补充几句无伤大雅的话。[2]1998年5月，王国端赴美国和通用总裁杰克·韦尔奇交流时，听到了对方的一段话："我发出一道指令，最多经过三四个环节，便到了底层，绝不走样。"这让他万分震惊。科龙在通用面前只是个小不点，但总裁的指令传到基层少说也要七八个环节，并且"声音常会跑调"。[3]此时的科龙，已经近乎是一家典型的国有企业了。

于是，当时光来到1999年，无论是退到后台的潘宁，还是走到前台的王国端，他们心里都很清楚，科龙已经到了不得不改的时候了。然而，怎么改，能否在产权的根子上改，都成了极为考验领导人智慧和能力的艰巨命题。王国端筹谋良久，终于祭出了一场轰轰烈烈的"科龙革命"。

在叙述科龙革命之前，仍需要插入一个小插曲。在1998年那场改变科龙命运的"联姻"之中，顺德政府原本考虑的收

[1] 何志毛.红黑科龙[M].杭州：浙江人民出版社，2003年版.
[2] 何志毛.红黑科龙[M].杭州：浙江人民出版社，2003年版.
[3] 段传敏.科龙革命500天[M].广州：广州出版社，2002年版.

购主体还有另一个选择，即位于北滘镇的明星乡镇企业——美的。美的当时刚刚通过1997年的事业部制改革走出低谷，但资产质量、盈利水平都无法与科龙相比。或许也是因此，美的最终没有接下这根"强扭的瓜"，转而开始酝酿MBO（管理层收购）。三年之后，美的核心管理层组建的美托投资公司分两次全盘收购了北滘镇政府所持的美的法人股，成功完成私有化。随后，科龙辗转泥潭，美的加速腾飞。两种选择，两种轨迹，命运的吊诡以如此撕裂的方式呈现出来，留给旁观者的，只有一声叹息。

第七章　狼烟四起

失败值得自豪，因为你已经冒过这种风险。

——本杰明·罗森（康柏电脑联合创始人）

泡沫之下

1999年的科龙，正在享受它最后的"繁华"。

1999年7月，科龙在深圳证券交易所成功上市，再次募资人民币10.6亿元，在大举扩充资本实力的同时，也成功搭建起了"A+H"两个上市平台。在这次上市中，科龙引入了境外上市中常见、在国内却是首开先河的"路演"环节，表现出了十分国际化的素质，赢得了媒体和投资者的一片赞许之声。

紧接着，在1999年10月28日科龙15周年庆（以珠江冰箱厂建厂时间来算）到来之前，科龙又以"豪情壮志跨世纪，同舟共济创未来"为主题，策划了六大活动，其中不乏"科龙之春"职工艺术节、"龙跨世纪"大型文艺晚会等这样庆功气息甚浓的盛会。一时间，科龙上下洋溢着一派喜庆祥和的气氛，竟让人凭空生出欣逢盛世的错觉。

1999年12月，科龙连续第三年被《亚洲货币》杂志评选为"中国最佳管理及最佳投资者关系公司"，在亚太地区最佳管理公司中名列第四。

当新千年的钟声敲响，科龙宣布自己在1999年完成冰箱生产总量265万台，自1991年以来，连续第九年蝉联全国冠军。同时，科龙公司的年度财务报表显示，科龙在这一年实现营业收入56.2亿元，比上一年猛增了48%，而净利润也达到6.4亿元，较上一年增长了9%。科龙跨世纪的战歌，似乎鸣奏正酣。

但稍有财务分析能力的人们，仍可以从捷报中嗅出危险的气息。作为一家本应有极强占款能力的优势公司，科龙在"经营活动产生的现金流量净额"这一科目上的金额却是极为怪异的-6.6亿元（可与之对照的是，上一年的这个数据是10.4亿元），也就是说，尽管科龙在这一年挣出了6亿多元的账面利润，但由于生产经营活动而产生的现金流转的结果是，资金反而流出了6亿多元。只要盘点一下科龙的资产负债表，就可以看到，这些流出的现金大部分都转化成了应收票据、应收账款和存货。冰冷的财务数据背后，科龙这一年的经营轨迹已经若隐若现：尽管产量在大规模扩张，真实的销售却增长乏力，于是一部分产品被囤入仓库，一部分产品以压货的形式压给了经销商（表现为取得销售收入，但尚未取得现金回款）。换言之，科龙1999年的这份增长成绩单，是一杯草草斟满的啤酒，除非等待时间证明，否则谁也不知道其中有多少是酒水，多少是泡沫。

若干年后，科龙的第四任总裁顾雏军曾经组织一批专家学者，总结科龙20年发展的经验。顾的真实目的，当然是为了给科龙的民营化改制寻找合法性基础，但这批专家确实提供了一些很有价值的观点。其中就有一点，将科龙的销售策略及背后根源分析得淋漓尽致："政府税收导向与股东利润导向形成冲突，使得企业重销售额而轻利润额，重出货而轻回款……政府拥有的企业非常重视'壮大'而不太重视'盈利'，比民营企业更愿意牺牲利润来换取销售规模。销售额的上升能给政府带来直接的税收增加，这比利润上升给政府财政收入带来的贡献要大得多。由于流转税的收取是以开单发货而不是回款为根据的，所以许多政府拥有的企业拼命增加销售额而不太顾及能否安全地收取货款，很容易在销售额增加的同时导致应收款的大量增加，许多应收款也逐渐成为不良资产。如果这个企业是一个政府独资企业，销售额与利润额的矛盾、应收款的增加、不良资产的积累可能长期被掩盖，直到'换班子'、改制或其他意外事件发生时才得以暴露。对于一个上市公司而言，应有的透明度和财务审计制度就会把这些问题较快地揭示出来，企业的真实状况比较容易为外界所知晓。"[1]

科龙并非政府独资企业，但控股股东长期一股独大，既缺少制约机制，也缺少规范经营的自觉，这使得它染上了"类政府独资企业"的病症。在后面我们将看到，几乎每一次科龙的管理层震荡，都必然伴随着财务报表的大清洗，可谓屡试不爽。从这个角度来说，王国端倒是唯一的例外——在老领导退

---

[1]　国务院发展研究中心. 科龙20年发展经验与中国企业改革路径 [EB/OL].
http://business.sohu.com/20041021/n222605280.shtml.

下来的第一年，他仍然在尽力维持各方共同的体面。

对于科龙的真实情况，王国端并非心中无数。据内部人士介绍，科龙早在1995年就提出过改革的话题，在潘宁的授权下，王国端先后将冰箱公司、空调公司的部门进行了改革重组，但效果并不明显。就是在这一过程中，王国端深感科龙过去的成功所带来的惰性之强，内部人员的观念落后和执行不力。[1]于是，在他与潘宁交接权杖的前后，科龙聘请了台湾著名的形象推广顾问公司艾肯公司，推行了一场旨在重塑企业文化的"万龙耕心"工程。接着，在1999年，科龙又重金聘请了罗兰贝格、派力营销等咨询公司和朗涛、奥美、电通等4A广告公司，致力于改造公司战略和重塑品牌形象，并出台了一项旨在激发员工主观能动性的人力资源九项制度改革方案。为了突破冰箱、空调两个行业利润率每况愈下所带来的经营瓶颈，王国端还在事实上改变了潘宁时代"专注制冷，不熟不做"的经营圭臬，与惠而浦合作推动洗衣机项目，与小天鹅合作推动电子商务项目。然而，科龙这架庞大而古旧的机器，在面对变化时发出了吱吱嘎嘎的怪声：看起来，所有的行动都在如火如荼地推进，又是大搞规划，又是领导讲话，又是考试考核，但落实到具体工作中却依然故我，似乎这些"工程""方案"只是脱离于企业经营的装饰品而已。

王国端最后失望地发现，所有变革的落脚点，都在于具体的个人。科龙盘根错节的局部利益，使"人"的内心对变化

---

[1]　段传敏.科龙革命500天 [M].广州：广州出版社，2002年版.

充满抗拒，由此成为变革的顽固障碍。一个有意思的细节是，1999年10月，王国端在赴上海财富论坛时，特意从众多议题中选择参加"人才吸纳和留用"的专题会议，他似乎感觉到，依靠科龙现时的团队已经不行了。[1]

就这样，在世纪之交的关键时刻，王国端决心用一场激烈的"革命"，来强行再造科龙的根基。

欲速则不达

2000年3月22日，科龙在北京、广州两地以远程可视会议的方式召开发布会，宣布调整高层领导班子，聘任屈云波、黄小池、王康平三人为分管营销、技术、生产的副总裁。此三人中，除了黄小池算是科龙的元老级人物之外，王康平资历并不深厚，屈云波更是由王国端从派力营销咨询公司挖过来的"空降兵"。而原有的几名副总裁，除了李国明升为常务副总裁之外，其余四位"创业元老"级副总裁，一日之内均被"杯酒释兵权"，转而下放到专业公司任总经理。与此同时，宣布取消干部助理制，八个副总裁助理的职务一起被免。一时间，舆论大哗，不少媒体以"科龙地震"为标题来报道这次事件。

但随之而来的是规模更大的"余震"。王国端并不打算让人事调整局限于高层，而是决心全方位地重建组织。起初他希望用三个月的时间来完成工作，但考虑到市场旺季即将到来，

---

[1] 段传敏.科龙革命500天[M].广州：广州出版社，2002年版.

最终决定把调整时间压缩到一个月。霎时间，科龙陷入了一种狂热的"革命"状态，科龙的内刊《科龙人》密集刊登了一篇篇火辣辣的文章：《变革，科龙别无选择》《唯有改革，才能重整河山》《拒绝变革，就是拒绝生存》……电脑终端上每天都在发布竞岗会议通知和任命交接通知，令人眼花缭乱。为了加快进度，许多职位都是当场竞选，当场宣布结果，第二天交接工作。据一项内部统计显示，从4月1日起，在短短12天的时间内，科龙便完成了涉及面达2000人的干部队伍人事调整，压缩人员35%，部门减少40%以上，车间主任（含）以上干部全部通过竞聘上岗，378人竞聘245个岗位。[1]

在营销系统，由于市场旺季即将来临，其深度调整没有马上进行，但空降而来的专家领导屈云波，显然担任着改革急先锋的角色。在框架还没有完全搭好的情况下，他开始着手布局，并一连撤换掉好几个干部，大有动若雷霆之势。

在如此短的时间内，发生如此剧烈的人员调整，用"暴风骤雨"来形容"科龙革命"毫不为过，而那些被踢出局的干部、员工，其下场自然是"风流总被雨打风吹去"。有人便援引潘宁离开科龙时的临别寄语，并将其略作修改道："服务乡企数十年，纵横家电愤争先。一朝变革下了岗，赋闲在家好耕田。"怨恨之气溢于言表。据说到了后来，连王国端的老母亲都被惊动。她问王国端，怎么邻居说你一上台就要夺人饭碗？[2]

事情发展到这种地步，所引发的反弹就绝非王国端所能控

---

[1] 段传敏.科龙革命500天 [M].广州：广州出版社，2002年版.
[2] 何志毛.红黑科龙 [M].杭州：浙江人民出版社，2003年版.

制了。原本按部就班、暮气沉沉的科龙，忽然变成了一锅滴入冷水的热油，舆论四处飞溅。造谣者有之，告状者有之，骂娘者有之，人心动荡，人人自危。

更不利的是，外部市场环境还在恶化。90年代中期被打得一败涂地的跨国企业集体返回中国市场，一方面实施了更加本土化的营销方略，另一方面则以品牌优势抢占中国正日益扩大的高端市场，其市场占有率以肉眼可见的速度逐步提升。相比之下，本土品牌还集中在中低端市场，产量竞争日趋白热化，供需关系进一步失衡。据报道，到2000年，全国空调库存已经达到800万台，冰箱库存接近1000万台。[1]从2000年年初开始，空调、冰箱、彩电、洗衣机、热水器等家用电器的价格战此起彼伏。由于产品均价一降再降，尽管商场里销得热热闹闹，但几家白电巨头在2000年上半年，都只取得了销售收入同比微增的平庸战绩。

内外交困之下，科龙的经营业绩开始崩塌。1999年的"纸上光鲜"，现在也已经难以维系了。根据后来公布的科龙2000年半年报，科龙在2000年上半年只实现销售收入31.2亿元，同比减少了近10%，净利润更是从上年同期的4.4亿元剧降至1.2亿元。

王国端没能熬到半年报出炉。他亲手点燃的革命之火，没有使科龙的经营业绩由冷转热，却把科龙总裁的铁交椅烧得滚烫。2000年6月27日，科龙发布公告称，原董事长兼总裁王国

---

[1]　广辑．家电行业利润与价格战……[N].湖南经济报，2001年版.

端辞去总裁职务，专职担任科龙董事长，而接任总裁一职的则是原容奇镇党委书记、原容桂镇[1]镇长徐铁峰。据科龙官方声称，此举是为了实现决策层和经营层的彻底分开，是建立现代企业制度、与国际接轨的重要一步。然而，熟悉内情的人都知道，这只是对更换舵手的一种比较委婉的表达方式罢了。[2]

在科龙总裁位置上呆了一年半的王国端，就此黯然离开台前，此后与科龙渐行渐远。对他到底是主动请辞还是被动下野，外界一直议论纷纷，但有一点是确然无疑的——他的离开，是大股东与管理层之间再次博弈的结果，而这次，胜利的天平毫无悬念地倒向了大股东。所有者与代理人之间的相互制衡，是公司治理领域中永恒的命题。在高速发展时期，所有者迁就代理人，甚至被后者"反客为主"并不少见，但当出现动乱、业绩衰退等情况时，则所有者必然以强硬姿态出现。自古如此，中外皆然。

回望草草收场的"科龙革命"，似乎可以这样总结：这是一场"欲速则不达"的"革命"。应该说，王国端洞悉科龙锦袍下的虱子，并敢于以激越的手段革新组织，其用心值得肯定，勇气更堪钦佩。然而，这场变革缺乏足够的理论与宣传准备，大量的基层员工甚至中层干部只是被鼓舞着"要动起来""要变革"，却没有多少人搞得清楚"为什么要变""要

---

[1] 2000年2月，顺德市对下辖乡镇进行了一轮区划调整，将原容奇镇、桂洲镇合并为新的容桂镇。

[2] 辞去总裁位置后，作为董事长的王国端在科龙近乎"隐形"。次年8月，王国端辞去董事长职务，董事长又由总裁徐铁峰兼任。"决策层与经营层分离"，看起来只不过是一句笑谈。

变成什么样", 以致变革在大多数人的眼里约等于"裁员""折腾"; 而在核心高层中间, 王国端的换血方案又过于冒进, 使掌握实权的被打压者在这场变革中冷眼旁观或消极应对, 新晋者却因根基不稳或无意参与管理而不能提供有力的支持。于是, 这场本有希望改天换地的"科龙革命", 最终变成了王国端一个人的"独角戏", 其寥落结局也就无足意外了。

科龙的"王国端时代", 就这样匆匆落幕了。"科龙革命"难言成功, 但在某种程度上, 它已经为科龙敲响了警钟。几乎所有人都意识到, 科龙已经不是从前的科龙了, 躺着挣大钱的日子, 一去不复返了。

百计徒劳

王国端离开了, 但针对科龙的变革并没有结束, 而捡起科龙变革指挥棒的人, 正是科龙的第三任总裁徐铁峰。

对科龙而言, 徐铁峰并不是一个陌生人。这个长期在容奇镇政府工作的干部, 曾经担任过珠江冰箱厂的法人代表、科龙电器的控股股东广东科龙(容声)集团有限公司(这是一个代表容奇镇政府的公司实体)的首任董事长。在科龙H股及A股上市的过程中, 他也发挥了相当重要的作用。徐铁峰的入局一度被解读为政府对科龙的直接干预, 外界对于一个公务员到底能不能做好企业家表现出了极大的忧虑。但平心而论, 在那个政企不分的年代, 主管经济工作的政府干部常常要承担类企业家的职责, 从政府官员向知名企业家成功转型的人也为数不少,以徐铁峰的身份来质疑其能力，或许并不妥当。

进驻科龙的徐铁峰，很快就亮出了他长期从事行政工作锻炼出来的熟练手腕。在一片混乱的局势中，他首先选择推动的工作是安抚人心。对基层员工，他提出了"双爱"（爱员工、爱科龙）的口号，推动重塑新的企业价值观，并立刻兑现了对技术人员的奖金；对管理层，他则基本沿用了王国端改组后形成的"内阁"，避免发生更大的动荡。在2000年9月的"总裁开放日"中，他向全体科龙人表态说："现在的科龙有困难，但也有很多优势，我们不要自己搞乱自己。当前的困难，按轻重缓急一个一个去解决，太着急也不行。希望全体干部员工、全体科龙人同舟共济，共渡难关，开创美好明天。"[1]

但徐铁峰也并非一味怀柔，对于变革的重要性，他也有着清醒的认识。从某些方面来看，他的一系列举措实际上是王国端策略的延续。

一方面是继续强调由生产导向转变为营销导向。王国端所引入的营销专家屈云波，在根基不稳的情况下，在人事调整上却表现得极为强硬，引发了不小的反弹。徐铁峰上任后，并未屈从于各方压力，而是选择继续支持屈云波。如果以唯结果论的角度来说，屈的改革似乎难言成功；他因"非实战出身"而导致的决

---

[1] 段传敏.科龙革命500天[M].广州：广州出版社，2002年版.

策浪漫化和微观工作能力不足也常常遭人诟病[1]。不过，屈云波在再造科龙营销体系方面仍然做了一些重要的工作。譬如，他以身先士卒的勤奋和有令必行的严格，冲击了科龙慢条斯理、按部就班的工作习惯；以整合营销的思维，成立专门的整合传播部门，推出新CI（企业形象识别系统），启动"世纪品牌工程"，强化了品牌传播的力度；实行分公司制，降低决策重心，加快了对市场一线的反应速度；精简营销队伍，提升人员素质；清理库存，兑现经销商返利、广告商应付款，解决历史遗留问题。特别是最后一项，据屈云波自己所说，科龙为解决历史遗留问题付出了超过10亿元的代价，这给科龙的当期业绩带来很大压力，但为远期发展扫除了一些隐患。

另一方面是继续推动多元化发展。家电行业越来越激烈的竞争态势，使得绝大多数品牌企业都不敢将所有筹码押到单一行业，多元化一时间蔚然成风。科龙在王国端时代，已经尝试开发洗衣机产品，而到徐铁峰掌舵时，又进一步进军小家电行业，宣布推出燃具、吸油烟机、电热水器、电磁炉等五大类38个系列100多个品种的产品。这段时间中，最为媒体所津津乐道的，正是顺德家电三强的"三国演义"：擅长小家电、空调的美的宣布进入微波炉行业；微波炉霸主格兰仕宣布进军空调、

---

[1] 曾在科龙短暂工作过的财经记者段传敏在《科龙革命500天》中记录了这样一个细节：屈云波曾在就职科龙副总裁后不久便发表文章《海尔，我尊敬》，公开赞扬主要的竞争对手，这让整个行业都感到困惑不解，科龙内部更有人发出质问的声音，但屈本人却十分坦然。据说海尔有一些销售网点随即将这篇文章作为重要的宣传物料展示给顾客，声称：连科龙的副总都称赞我们，我们的产品当然没的说了。

冰箱行业；冰箱、空调占位靠前的科龙则切入了小家电。不过，多元化虽是"突围"之举，但事实上，也让大多数家电企业陷入了更深的重围之中。

在改革的道路上，徐铁峰甚至比王国端走得更远一些。当"国退民进"逐渐成为处在完全竞争领域的国有企业、乡镇企业的一种公开选择，特别是有美的MBO的成功案例作为借鉴，徐铁峰也开始着手探索科龙的改制路径。在政策仍然十分微妙之时，徐铁峰以政治人物的灵活手腕，率先在华傲电子、科龙小家电等二级公司试行员工持股，探索新型利益分配机制。只不过，由于政策环境始终不明朗，加之其后科龙的归属又风云突变，他始终没能得到更进一步的机会。

尽管频频出招，但徐铁峰在变革上的种种探索，最终还是没能挽救沉疴难起的科龙。在2000年年报中，科龙首次报亏，从上一年的盈利6.4亿元变成净亏损6.8亿元，销售收入更是从上一年的近56亿元剧减至不到39亿元。纵然科龙在本年度解决了大量历史遗留问题，纵然公司管理层交接时难免发生将前任坏账一次洗清的"撇账"行为，但一来一去13亿元的巨大差异，还是引得外界一片哗然。到2001年中期，科龙的颓势似乎还没有终止，虽然略微扭亏，但比起上年同期，销售收入和净利润仍然双双下降。特别是科龙最引以为傲的容声品牌，在蝉联冰箱产销量九连冠之后，在2000年首次让出王座，市场占有率也受到海尔、新飞的严重挤压。在这种情形下，徐铁峰在科龙的结局也就不难预料了。

继王国端"科龙革命"无疾而终后，徐铁峰的变革也失败了。相比过于激进的王氏变革，徐铁峰在节奏把握和人员驾驭上显然稍胜一筹。然而，他的变革始终缺乏一种系统性，比王国端的组织再造更缺少理论准备，给人以零敲碎打之感。在最为重要的营销系统改革上，由于过于倚重屈云波个人，使得屈的个人优势与缺陷同时对整个组织发生深刻影响，造成了毁誉参半的结果。

此外，在徐铁峰的任内，仍然遗留下了两个关键问题。其一是困扰科龙已久的"内部人控制"问题，尽管徐铁峰认识颇深，甚至在内部公开痛陈"（过去的领导人）对利用工作之便谋私利问题引起的严重性认识不足，没能及早加以制止。工作之便谋私利，它不但是利润外流、增加成本、降低竞争力的问题，更严重的是它会培养小团体、小帮派，极大地破坏我们的团队精神，扭曲我们的价值观，造成内部人际关系紧张，削弱集团的凝聚力"[1]。然而，作为容桂土生土长的本地人，受身份和情感拘束，徐的板子高高举起，轻轻放下，并没有在根本上解决这一问题。

其二是大股东侵占上市公司资金问题，在徐铁峰的任内不但没有解决，反而愈演愈烈。根据中国证监会后来发布的处罚决定书，科龙电器及其下属公司与控股股东广东科龙（容声）集团有限公司在2000年度和2001年度存在大量未依法披露的关联交易，其中2000年度资金往来单笔3000万元以上的共42笔，累计25.7亿元，2001年度共46笔，累计46.6亿元。而根据科龙

---

[1] 段传敏.科龙革命500天 [M].广州：广州出版社，2002年版.

2002年3月发布的关联交易核查公告（其时科龙已经易主），截至当时，广东科龙（容声）集团有限公司对上市公司的占款金额达到了12.6亿元。科龙的体制弊端，至此暴露无遗。

病急乱投医

科龙的每况愈下，让容桂镇政府焦急如焚。当年顺德推行"靓女先嫁"的产权改革时，容奇镇的主要领导却坚持"留大、去小、转中间"的方案，不愿意将科龙这只会下金蛋的鸡轻易卖走。但此一时，彼一时，此时的科龙不但已经下不出金蛋，而且日渐消瘦，甚至大有濒死的可能。于是，地方政府终于开始认真考虑退出科龙的可能性。

从宏观环境上看，完全竞争领域的"国退民进"自1998年起已经大规模展开，2002年一份针对全国203万户私营企业主进行的调查发现，有25.8%的私营企业是由国有或集体企业转制而来。当然，产权清晰化运动自始至终存在这样一个悖论：它在顶层逻辑上得到了中央的认可，但由于从来没有（也不可能有）标准化的操作方案，导致在具体执行过程中，总是难逃"涉嫌国有资产流失"的致命诘问。结果是，越好的企业牵涉利益越大、牵涉面越广，改制也就越难完成。不过，以此刻科龙的状况，地方政府已经无须患得患失。更何况，美的已经通过MBO完成改制，同位于佛山的健力宝也已确定走改制的道路，可以说，科龙的改制已经到了"不改无功，改必无过"的阶段，政治风险已然消弭。再说，自容奇、桂洲两镇合并，徐铁峰卸任镇长之后，容桂的主要领导均从北滘镇、顺德市等外部区域空降而来，这使得镇政府和科龙之间的亲缘关联渐渐弱化。从情感上而言，容桂镇政府也没必要把住科龙不放。

于是，现在的问题是：如果要卖科龙，应该把它卖给谁？当时，尽管科龙连续动荡，显出了江河日下的疲态，但"瘦死的骆驼比马大"，其当家产品容声冰箱仍然具有强大的品牌号召力，论销量也处在第一梯队，而在空调方面，科龙加华宝的占有率也能排进第二梯队。凭借科龙的品牌、产能、销售网络，拿到市场上绝对是个"香饽饽"，事实上，就在容桂镇放出卖股的风声之后，有意接手股权的为数不少，其中既有大型跨国公司，也有本土家电企业。

2001年10月的最后一天，谜底揭晓。然而，这个谜底却让全中国的财经媒体都大吃一惊——科龙电器发布的公告称，控股股东广东科龙（容声）集团有限公司将其持有的20477.5755万股（占总股本的20.6%）法人股，转让给格林柯尔企业发展公司，转让价款为5.6亿元人民币[1]。股权转让后，格林柯尔企业发展公司将成为第一大股东，原控股股东持股比例下降为13.46%，退居第二大股东。一时间，舆论翻滚如沸，几乎所有相关人都在急切发问：格林柯尔是何方神圣？

一开始，疑问的焦点还盘踞在交易对象的选择和交易价格的公允性上。在媒体和大众看来，这个自称是"世界三大新型无氟制冷剂供应商之一"的格林柯尔只是名不见经传之辈，以

---

[1]　后来这一价格又进一步下降为3.48亿元。

科龙的实力可以收购好几个格林柯尔，容桂镇为什么会选择把科龙卖给它？而且科龙电器当时的每股净资产是3.93元，而这次股权转让价大约只有每股2.73元，科龙是不是被贱卖了？

几天后，科龙召开新闻通报会，代表原大股东的容桂镇镇长刘知行、代表格林柯尔的格林柯尔科技控股有限公司常务副总裁刘从梦、代表科龙的董事长兼总裁徐铁峰一起出席，对媒体关心的问题做出解释。按照此次通报会的解释，容桂镇选择将科龙控股权转让给格林柯尔，主要是出于四方面的考虑：一是看中它是香港上市公司[1]，有完整的国际销售网络和较强的国际市场开拓能力；二是因为它从事制冷行业，能与科龙共同构筑完整的制冷产业链；三是因为它有雄厚的资金实力；四是可借格林柯尔的进入，给科龙带来国际化、现代化的企业制度。[2]至于收购价格问题，容桂镇方面称价格不是衡量股权转让唯一的决定因素，还要考虑到科龙未来的发展，以及就业、税收和带动相关产业的贡献，等等。

在这番冠冕堂皇的解释背后，格林柯尔的真实底细仍然云里雾里。从一些报道披露的情况来看，连出售者容桂镇政府自己是否真诚相信这些理由，也是十分可疑的。据称，格林柯尔的实际控制人顾雏军用于谈判的重要筹码，正是科龙电器与控股股东之间藏于账面之下的大量关联交易——他声称，如果由

---

[1]　值得注意的是，用于收购科龙的格林柯尔企业发展公司（通常称为"顺德格林柯尔"），其实是顾雏军私人所有的公司，与香港上市的格林柯尔科技控股有限公司并无直接的股权关系。顾雏军在上市公司体系之外构建的庞大的"格林柯尔系"，为其隐秘而复杂的资本运作提供了基本条件。

[2]　李国华. 科龙变局 [M]. 北京：当代中国出版社，2006年版.

格林柯尔来收购科龙，原大股东欠科龙的钱就不用还了。[1]后来的事实是，格林柯尔果然用收购款债权转让、商标所有权转让等一系列安排，免除了原大股东的现金支付义务。

很快，媒体的追问开始聚焦于格林柯尔本身，而格林柯尔方面在渲染企业业绩和发家历史时的高调与夸张，更让这场追问变得极为引人注目。在格林柯尔方面的自述中，格林柯尔的产品占有欧洲市场的25%、北美市场的10%、亚洲市场的50%。然而，一些媒体却指出，"在香港的投资银行中，为数不少的分析员在称赞格林柯尔业绩的同时，也表达了很多疑虑，例如所罗门美邦的一位分析员曾经希望顾雏军提供一些更为知名的大客户名录，终无所得；还有分析员质疑格林柯尔的管理并不像一个规范的跨国公司；等等"。[2]另一些媒体则挖掘到这样一个旁证："一家大型跨国化工集团的代表说：'在国际制冷产业界，并没有听说格林柯尔的位置如此靠前。'"[3]格林柯尔方面宣称顾雏军有海外创业的背景，并在10年时间里在全球创办了9家公司，但顾雏军却拒绝提供哪怕一个这段经历的见证者。更有熟识者透露，此人的英语口语无法达到与人沟通的水平。[4]对于格林柯尔方面自矜自夸的"顾氏循环理论"，更有媒体直指"1992年9月，国家科委有关部门在北京召开了关于

[1] 《财经》杂志编辑部. 广东科龙：新主人登场 [EB/OL]. http://misc.caijing. com.cn/chargeFullNews.jsp?id=110064779&time=2005-09-05&cl=106.
[2] 王晓冰. 细探格林柯尔 [EB/OL]. http://misc.caijing.com.cn/chargeFullNews. jsp?id=110060196&time=2001-12-05&cl=106.
[3] 李国华. 科龙变局 [M]. 北京：当代中国出版社，2006 年版.
[4] 吴晓波. 大败局 Ⅱ [M]. 杭州：浙江人民出版社，2007 年版.

'顾氏循环技术'推广的可行性论证会议，各地学者与顾雏军再次激烈交锋。大部分学者认为'顾氏循环'只是劳伦兹循环的重述，并无新意"。[1]

然而，政府急于从科龙脱身，几乎已经到了"病急乱投医"的地步。在外界质疑声不断的背景之下，这场收购案仍然坚定不移地向前推进着。12月13日，科龙举行新闻发布会，徐铁峰在会上回答道："格林柯尔要买股份，已经是下决心的，应当不是外面所说的格林柯尔是个大骗子，在玩空手套白狼。"10天以后，在科龙股东大会上，顾雏军、刘从梦、张宏、严友松等一批代表格林柯尔的人士被选入董事会，顾雏军当选为科龙电器的董事长。这位在科龙历史上最富有争议性和话题性的人物，正式开始了他执掌科龙的生涯。财经作家吴晓波形容道："就是这么一个缠绕着众多灰色光环的企业家，走进了另一个笼罩在灰色大雾中的科龙。"

---

[1]　王晓冰．细探格林柯尔 [EB/OL]. http://misc.caijing.com.cn/chargeFullNews. jsp?id=110060196&time=2001-12-05&cl=106.

第八章　争议不断

祸兮福所倚，福兮祸所伏。

——《老子》

惊悚的起点

在一片质疑声中，顾氏科龙摇摇晃晃地启航了。新科龙启航的第一步，当然是人事的密集变更。在2001年12月23日举行的临时股东大会上，权力更迭正式启动，共有8名原科龙高管退出董事会，而相应数量的格林柯尔系人员则增补了进去。2002年1月，包括总裁徐铁峰、营销副总裁屈云波、财务副总裁余楚媛等在内的核心高管相继离职，格林柯尔系人员开始全面接管科龙的日常生产经营活动。

如果说人事变动还在外界的预期之内，接下来发生的事情就足以用"惊悚"来形容了。2002年4月下旬，顾雏军主政下的科龙电器发布其2001年年度报告，报告称科龙在2001年的净利润最终录得-15.6亿元。也就是说，几年前还坐拥金山的科龙，在新千年的两年里，一年比一年亏得凶，竟然总计亏掉了20多亿元！特别是，仅仅半年以前，在2001年中报中，科龙还宣称自己微利2000万元。按这份年报，科龙仅用半年时间就亏掉将近16亿元，这怎能不让闻者瞠目结舌？

如果查询这一份财报的细节，大致可以摸清巨亏的由来。首先是各项费用的非正常增长，在营业收入增长了大约13%的背景下，科龙的营业费用和管理费用较上年分别暴增了32%和44%，总金额增加了约5.7亿元；其次是巨额的减值准备计提，在这份报表中，科龙对应收款计提了约2亿元的减值准备，对存货增加了约1.2亿元的跌价准备，对长期投资和固定资产则分别计提了0.7亿元和0.5亿元的减值准备，总计在3.4亿元左右；再次是科龙对原大股东的一笔约2.1亿元的债务担保被强制执行；此外，科龙还计提了一笔单笔费用高达1.6亿元的广告费——然而，却未向审计机构提供任何书面证据。在这份年报中，审计机构安达信·华强会计师事务所对包括资产减值、债务担保、广告费预提等在内的一系列财务处理动作，均表示因不能获得充分的审计依据而无法发表审计意见。这是一种极为耐人寻味的表述。在审计术语中，"无法发表审计意见"基本上意味着对审计对象财务报表的不认可。

按顾雏军自己的说法，科龙这份巨亏的报表是出乎他意料之外的。他后来在接受采访时曾说："签约是2001年9月27日，那时候我们知道可能亏损1个亿，我们的管理层还是有信心能做好这个企业的。11月底的时候，我们跟顺德容桂镇政府官员一起听（预审）报告，告诉我们亏损可能超过6个亿……3月份的时候审计报告出来，也就是说科龙会亏损15亿。开始报告是18亿，后来我们认为亏那么多的话，可能这个公司的债权银行都会对这个企业失去信心。我们跟财务审计部门多次探讨，最后决定购并，做很多的购并可能会收回几个亿。这个亏损对我们来讲也是非常大的。大概有半年到8个月的时间银行对科龙都是只收不贷。我可以告诉大家，我所有的白头发可能都是从2002年1月到9月长出来的。那时候最大的担心就是公布16亿亏损的时候这个公司还在不在！"[1]

然而，也有人不认可他的说法。后来打响"倒顾"第一枪的香港中文大学教授郎咸平在其演讲《格林柯尔：在"国退民进"的盛宴中狂欢》中，直指这种手法是"洗个大澡"："通观格林科尔收购的公司，它们都有很多共性，业绩连年下滑，有的甚至被特别处理或濒临退市，基本上已失去在二级市场上的融资功能。那么，如何使这些休克的'鱼'起死回生，再次造血呢？不二法门就是要赢利。而赢利的根本途径应该是核心竞争力和运营效率的提升。可是这个途径在短期内很难实现。怎么办呢？走偏门。其中有一个偏门就是纸上文章，玩数字游戏。简单说，赢利=收入－成本－费用－息税。这个公式告诉我们，公式右边任何一项都有文章可做。格林科尔又是如何做的呢？通过研究它的财务报表和股市表现，我们发现它在上市公司的'费用'上做了文章——反客为主后，大幅拉高收购当年费用，形成巨亏，一方面降低收购成本，另一方面为将来

[1] 黄海川，李明合．放言再收两家企业 顾雏军自称不懂政治 [N]．经济观察报，2004－10．

报出利好财务报表和进一步的资本运作留出腾挪空间。只此一招，就可以'洗去'未来年份的大块费用负担，轻装上阵，出来一份干干净净的报表，'赢利'就变得容易多了。"

另一个客观事实是，根据沪深证券交易所的规定，连续两年亏损的上市公司会被"特别处理"，戴上"ST"的帽子，如果连续三年亏损，则会被实施退市风险警示。在这种情形下，顾雏军确实有非常大的压力，必须在接手第一年就实现盈利，否则科龙一旦退市，他的冒险就变得毫无意义。从这个事实出发进行推演，顾氏科龙确实有动力把亏损一次做足，为第二年的盈利留出空间。

于是，在漫天的争议声中，这个喜欢戴一副大框眼镜的圆脸男人，以一份令人惊骇的年报作为起点，开始了他对科龙的改造。

峰回路转

如果说顾雏军入主科龙的过程充斥着各种可疑的桥段，让人不免对科龙的未来充满担忧的话，那么接下来发生的故事，完全可以用"峰回路转"来形容。面对陷入迷茫的科龙，顾雏军祭出了"三板斧"，竟然如同庖丁解牛，刀刀切中肯綮。自潘宁卸任之后，科龙第一次表现出昂然向上的生机。

顾的第一把板斧，是立刻推出具有很强市场营销价值的新产品。2002年3月初，立足未稳的顾氏科龙突然邀集全国30余家媒体齐聚顺德，宣布推出一项"具有爆炸意义""堪称技术革命"的新技术——分立多循环技术。应用该技术的冰箱，可突破传统冰箱因冷藏室、冷冻室被串联在一个制冷循环系统中而导致的被迫同时制冷、无法自由控温的痛点，实现九大温区独立控制的功能，达到高效、节能的目的。发布会后，媒体纷纷高调传播，顾氏科龙"以科技为先导"的形象马上就在公众心中树立起来。其实，这项技术并非格林柯尔带来的，而是科龙原已开发出来的专利，只不过"养在深闺人未识"，尚未用于商业推广。顾雏军听说科龙有此技术，立刻将其"梳妆打扮"一番，作为一张王牌打了出去。仅以此事便可说明，顾在商业应用上的头脑确实超乎常人。仅仅半个月后，顾氏科龙的第二个王牌新产品——"制冷制热双高效"空调又迅速面世，据称这款空调的节能水平达到了全球顶尖的水平。至此，顾氏科龙在冰箱、空调两个领域都有主力新品推出。几乎与此同时，顾雏军决定将旗下包括华宝空调、容声精锐一族冰箱等在内的旧品种全线降价，倾销入市。上有新产品保价格保利润，下有旧产品保销量保渠道，科龙的市场表现果然摆脱低迷，2002年全年，科龙的主营业务收入较前一年大涨了11%。

顾的第二把板斧，则直指降本控费问题。在收购之前，顾雏军对科龙有一个基本判断：科龙的技术底子、销售渠道、品牌影响力都没有大问题，之所以连年巨亏，主要的问题是成本、费用控制能力弱，而成本、费用控制能力弱的根源就在于所有者缺位，导致没有人真正有能力、有意愿对企业负责。按照他的话说："过去的领导人没有权力让完不成任务的员工离开，有的人甚至想，说不定什么时候又会换新领导，所以根本无法推行降低成本。"但现在情况完全不同，"我来了，能够毫不留情地处理问题。要么你能降成本，要么你就下课。过去有人打招呼，你不能不给面子，现在连打招呼的人都没有了"。[1]他经常挂在口头上、流传很广的一句话是："你们花科龙的一块钱，里面有我顾雏军的两毛。"顾雏军降成本，首先是在采购环节做文章。过去科龙做采购，供应商总是与科龙内部人有关联的那几家，招标也流于形式，成本自然居高不下。顾雏军接手之后，大量引入外部区域的供应商，使供应商队伍由原来的一百多家迅速扩充为四百多家，同时用电子竞价系统严格竞价，将套利空间迅速碾平，一时间被供应商称为"科龙绞肉机"。其次是严格规范费用预算制度。过去科龙在费用上大手大脚，比如分公司报的促销方案，只大概列一些活动项目，费用一汇总，总部就会拨款；出差人员无论远近，只要有机场的城市一定是坐飞机，市内交通非出租车不坐，住宿非高级宾馆不住。现在，每项报批的方案必须有详细的项目分解及经费预算细化，不合格必打回；在差旅费用方面，也按照出差城市、人员级别，规定了不同的交通工具和出差补贴，还通过与航空公司签订协议，取得购票优惠。最后是在财务方面实行集权式管理，收回小家电公司、营销系统等产生现金流较大部门的财务管理职能，凡是10万元以上的费用支出，一律必须经过顾本人的签字。仅仅用了半年时间，顾雏军完成了前几任掌舵人怎么改革都没有彻底解决的"跑冒滴漏"问题，空调

---

[1] 刘涛 . 顾雏军 : 2 分成就 8 分失落 [J]. 中国企业家 , 2002 (12): 47–48.

成本下降了25.3%，冰箱成本下降了40.6%。[1]

顾的第三把板斧，其实是与"科龙革命"一脉相承的人力资源更新。不过，相比王国端，顾雏军的调整又带有其鲜明的个人风格。王国端革命的"激进"，主要表现在涉及范围大、调整时间短，但受体制、地缘、历史等原因的掣肘，动作幅度有限，甚至王本人还因此而黯然下野。而顾雏军入主科龙之后，因为是科龙名正言顺的"大老板"，不需要看别人的脸色行事，加上其人性格桀骜不驯，与顺德旧人又无瓜葛，下手便甚少顾忌。不少媒体都曾报道过，顾在科龙内部的管制风格形同"暴君"，经常拍桌子、站凳子、指鼻子地骂人，而且用词极其不留情面。2002年销售旺季结束之后，顾雏军忽然发动了一次"整风运动"，主要内容是以"七个提倡、七个反对"为准绳，要求所有科龙员工开展自我揭发、相互批斗，每个人都必须写下深刻的书面检讨，检讨还必须通过评议大会的审查……这场"文革"式的"整风运动"很快变成了顾雏军的一块"筛板"，那些符合顾氏科龙价值观的人被留下，另一些不适应（或者不愿适应）的人则离开，老科龙时代的脉脉温情，至此一扫而空。紧接着，在2002年底，顾雏军又开始大规模地招兵买马，除了大批招收本科毕业生外，还开设了由顾雏军本人亲任校长的"董事长MBA营销培训班"，吸收数百名高素质人才，为打造精英营销团队做储备。客观而言，在顾的一系列调整过程中，确实充斥着家长式的管理风格，强调个人权威，

---

[1] 刘涛 . 顾雏军 :2 分成就 8 分失落 [J]. 中国企业家 , 2002 (12): 47−48.

方法简单粗暴，甚至缺少对个体的基本尊重；然而，也正是因其疾风暴雨般的整肃，科龙长期板结的利益格局在很短时间内就被冲决，同时一些高素质的人才得以补充进来，王国端、徐铁峰时期"换不动人"的窘况，终于一去不复返了。

凭借在营销策略、成本控制和队伍改造上的"三板斧"，顾氏科龙在第一年交出了亮眼的成绩单。根据科龙在其2002年年报中的表述，其2002年销售收入较前一年增长了11.3%，同时单台冰箱及空调的营业成本分别下降了13.05%和8.78%，销售及管理费用在年内也有大幅下降。由于收入增长、成本与费用下降，科龙在2002年最终取得了1.01亿元净利润，成功摘掉了"ST"的"帽子"。

进入2003年，科龙在经营上持续高光表现。这一年，顾雏军祭出了旨在大力拓展三四级以下市场网络、唤醒农村市场的"龙霸行动"。在一次MBA学员述职会上，顾雏军斩钉截铁地说："开拓三四级市场网络，是科龙公司的一项战略决策。科龙公司现已拥有近1000万台冰箱的年生产能力，要实现1000万台冰箱的年销售能力，我们的出路在哪里？在农村市场，在三四级市场，广大农村市场的消费潜力是巨大的。"[1]事后来看，顾雏军当时的判断是正确且领先的。根据一项调查显示，在2001年底，每百户城市居民家庭的冰箱拥有量已经达到81.8台，在一线城市更是达到90台以上，但每百户农村家庭的冰箱拥有量却只有13.6台，渗透率非常低。农村市场之所以没有打

---

[1]　李国华．科龙变局 [M]．北京：当代中国出版社，2006 年版．

开，原因是对于当时农民的购买力来说，动辄二三千元一台的电冰箱实在是太过昂贵了。为了刺激农村市场，顾雏军立刻上马了一个低端品牌康拜恩。"康拜恩"是"combine（联合收割机）"的音译，一语双关：一方面，康拜恩以农村市场为主要目标；另一方面，顾雏军希望用它去收割其他的低端品牌。由于当时顾雏军已经指挥科龙收购了大量冰箱生产线，具备实施大规模低成本制造的基础，康拜恩一旦杀入低端市场，果然是所到之处，寸草不生。凭借夺人眼球的"998，康拜恩冰箱搬回家"（没过多久，又改成了更为惊人的"799，康拜恩冰箱搬回家"），康拜恩品牌迅速崛起，首年即突破百万台销量，名列单品牌第五。小品牌在康拜恩的冲击下被大量清洗，行业格局为之一变。

几乎与此同时，科龙系冰箱的主力容声冰箱，针对"电荒"逐渐成为社会痛点的现状，开始研发超级节能冰箱，随后便取得重大突破。2003年6月，通过对发泡等工艺进行改良，容声研制出了日耗电量仅为0.35度的BCD-209S系列冰箱，这一能耗水平大大低于当时市面上的普通冰箱（接近1度）。恰逢其时，我国与联合国开发计划署/全球环境基金（GEF）联合推出了"节能明星冰箱大奖"竞标项目，允许国内外冰箱品牌各拿出一款产品参与竞标，容声BCD-209S随即被推到台前，与包括海尔、新飞、美菱、西门子、伊莱克斯等在内的国内外各路豪强正面拼杀。最终结果是，容声以单台节电量第一和总节电量第一，夺得联合国GEF节能明星冰箱唯一金奖。这个结果一经公布，容声BCD-209S迅速获得市场热捧，并在后来成为业界罕见的单机型销量超百万台的"超级明星冰箱"。

于是,凭借容声、康拜恩的双双发力,科龙系冰箱产品在时隔多年之后,在2003年重新戴上了全国产销量第一的王冠。这一年,科龙宣布净利润较上一年翻一番,达到2.02亿元。

野心膨胀

科龙逐渐走出低谷,重新展现出在白电行业称霸的可能,这让顾雏军在媒体眼中的形象大大改善,连那些曾经质疑得最凶的人,也开始放缓口气:"顾氏科龙,还得看……"顾雏军本人也颇为自得,他有一次透露说,自己的理想是"等我老了走在大街上,希望听到有人指着自己喊:看,那个老头就是冰箱大王!"如果那真的是顾雏军的理想,走到此时,他的理想已经实现了一大半。假如他老老实实地沿着这条路走下去,梦想成真并不困难。然而,后来的事实证明,这不过是他庞大野心的一部分罢了。

有一些人很早就看出了不祥的征兆。一位原科龙高管声称,顾雏军进入科龙之后,立刻要求科龙购买大量高价的格林柯尔制冷剂。当时,参与审议的大多数高管认为,科龙根本不需要协议中所言明的制冷剂数量,而且,"格林柯尔制冷剂的价格是科龙原来制冷剂采购价的12倍,而从技术角度讲,这笔采购没有经过科龙技术部门的鉴定"。结果是,其中一些高管拒绝在采购协议上签字,并在随后相继离职。其中一位高管在离开时断言顾雏军进入科龙是别有所图的,"老顾最多干三年，三年后肯定把科龙卖掉"。三年之后，这句话以意想不到的方式变成了现实。

顾雏军的私心不止表现在关联交易上，其扛鼎之作康拜恩冰箱，虽然是在科龙的生产线上打造出来的，其品牌所有权却归属于格林柯尔。尽管格林柯尔声称科龙可以无偿使用康拜恩品牌，但隐藏其间的财务处理方法，无疑让顾氏又掌握了另一种从科龙掏钱的手段。

不过，在当时，这些微妙的"小九九"还没有影响到科龙的大局，真正将科龙这盘渐渐救活的好棋一举葬送的，是顾雏军愈演愈烈的产业并购策略。他过于激进的并购速度，以及实施于灰色地带的资本运作，最终点燃了自我引爆的导火索。

大收购从顾雏军刚刚接手科龙时就启动了。在最开始，它是以产业整合的面目出现的。2002年初，启航不久的顾氏科龙收购了江西的一家规模较小的冰箱厂——江西齐诺瓦冰箱厂；2002年9月，科龙以人民币4000万元购买吉林吉诺尔电器的经营性资产，10月又宣布斥资3亿元整体收购吉诺尔冰箱厂；12月，科龙收购了上海上菱的两条冰箱生产线和远东阿里斯顿的全部生产线；2003年5月，科龙和格林柯尔共同创立了格林柯尔—科龙南昌工业园，在当月又收购了杭州西泠冰箱的70%股权；6月，科龙在扬州组建扬州科龙电器有限公司，动工建设年产超过300万台的大型冰箱、冷柜生产基地；2004年8月，科龙又收购了商丘冰熊，并参股了一家A股上市公司华意压缩。凭借一系列投资行为，特别是对闲置冰箱产能的大举收购，科龙的冰箱产能直逼"亚洲第一，全球第二"（仅次于伊莱克斯）。

持中而论，顾雏军利用科龙启动的一系列同业并购，是符合当时趋势，也符合科龙自身利益的。随着冰箱行业竞争的日趋激烈，大吃小、强并弱的行业重整已经出现，譬如海信在2002年通过合资雪花进入冰箱行业，美的则在2004年控股了荣事达和华凌，白电行业已经现出品牌加速集中之势。科龙对小规模产能的一系列并购，在做大自身规模、摊低生产成本的同时，也抬高了潜在竞争对手的进入门槛——因为新建冰箱生产线所需要的投资要远远高于收购旧生产线的价格。而对大量并购后形成的庞大产能，他则利用低端品牌康拜恩进行消化。可以说，这是一项贯穿于投资—生产—销售全链条的完整策略，当时的事实证明，这项策略是有效的。

然而，真理向前跨越一步往往就是谬误。围绕着顾雏军的很多事情表明，他常常因过于执拗的自负，而轻易跨过不该逾越的界线。从2003年起，顾雏军开始以格林柯尔系为收购主体，以品牌知名但经营不善的国有控股上市公司为标的，连续实施惊人的大并购。

2003年5月底，上市公司美菱电器发布公告，宣称其控股股东美菱集团已经与顺德格林柯尔（即顾雏军用于收购科龙的主体）达成股权转让协议，股权转让完成后，顺德格林柯尔将持有美菱电器20.3%的股权，为美菱电器的控股股东。作为国产冰箱四大家族之一的美菱冰箱，尽管此时已有衰落之相，逐渐被海尔、容声、新飞拉开差距，但仍是业内举足轻重的力量。此番收购完成后，顾雏军以2.07亿元现金的代价，获得了美菱电器10.4亿元净资产的控制权，拥有美菱的品牌和市场营销网络、年产200万台冰箱的生产线和全国第四的市场份额，顾雏军意气风发："在冰箱业，以后我就能睡得着觉了。"[1]

如果说收购美菱电器还能视为顾雏军搭建制冷帝国的必由之路，那么他接下来每半年一起的大收购，则将完全跌破外人的眼镜。2003年12月，顾雏军凭借另一家全资控股的私人企业扬州格林柯尔创业投资有限公司（通常称为"扬州格林柯尔"），宣布收购上市公司亚星客车60.67%的法人股，收购对价为4.18亿元。2004年4月，扬州格林柯尔再次出资1.01亿元，拟收购上市公司襄阳轴承29.84%的法人股。至此，顾雏军已经构建起了包括1家香港上市公司、4家A股上市公司的庞大的"格林柯尔系"。

2003年12月，凭借连续的行业整并和"扭亏神话"，顾雏军当选为央视评选的"2003CCTV中国经济年度人物"。在颁奖典礼上，主持人杨平问他："我们知道顾雏军先生想打造制冷王国，现在这个目标实现了吗？"顾雏军毫不犹豫地答道："这个目标基本上已经实现了。"

做出肯定回答的顾雏军，内心无疑是满足和陶醉的。此时的他可能并没有意识到，自己苦心孤诣所搭建起来的商业帝国，其底座正裂纹横生，岌岌可危。其中最粗的一条裂纹——实际

---

[1] 耐人寻味的一点是，本次收购的股权正式交割在2004年3月方告完成，顾雏军等格林柯尔系人员却在2003年7月提前进入董事会。在2004年4月发布的美菱电器2003年年报中，再次发生费用剧增（管理费用由上年的0.49亿元上升至1.56亿元，营业费用由上年的1.86亿元上升至2.23亿元）、利润陡降（在营收增长的情况下，净利润由上年的810万元下滑为-1.95亿元）的现象，而一年之后，美菱电器的2004年年报也如"科龙第二年"一样，成功扭亏。

上，这也是他过于频繁且大额的并购所带来的——正是外界反复提出的一个问题：格林柯尔的收购资金，到底是哪儿来的？

顾雏军用于收购几家上市公司的主体，全部是其私人所有的公司，因而不必披露资金来源，但也正因此，外界对其资金来源的猜疑尤为激烈，而所有的猜测，最终都指向一点：顾雏军用于收购的资金，可能是从他可以控制的唯一的现金奶牛——科龙当中挪出来的。[1]对于外界的质疑，顾雏军一开始的回答十分飘忽："别问我的钱是从哪里来的，我的钱有国际背景。""我们现在唯一不缺的就是钱。"但当这个问题反复出现，最终被激怒的他再次露出桀骜的本性："我的钱从哪里来，这个问题和你有关系吗？我要是偷的、抢的，自然有人会抓我。你们问多了就很麻烦，如果你家里起房子，老有人问你钱是从哪里来的，你老婆是不是很火大？"[2]很显然，资金来源是一个不能细说的"灰色"问题。而且，顾雏军在这个问题上的表现也实在太过拙劣，他激烈对抗的态度，除了让外界观感更为糟糕、质疑更为强烈之外，对解决问题毫无用处。

但出人意料的是，在这条裂纹彻底瓦解格林柯尔系的底座之前，另一条引线开始悄悄燃烧。这条引线上四溅的火花，最终

---

[1]　一年多以后，毕马威华振会计师事务所对自 2001 年 10 月 1 日至 2005 年 7 月 31 日期间的科龙电器现金流进行调查，证实科龙与格林柯尔公司之间进行的不正常的现金净流出约为人民币 5.92 亿元，并认为该现金净流出金额可能代表科龙的最小损失。而佛山市中级人民法院在 2008 年 1 月对顾雏军案作出判决，认定其挪用科龙电器及江西科龙 2.9 亿元，挪用亚星客车 0.63 亿元，犯有挪用资金罪。

[2]　深圳商报. 顾雏军回应媒体：科龙没有挫折，挫折是我本人的 [EB/OL].
http://stock.hexun.com/2005-05-16/100511070.html.

将引发一场大爆炸，并将格林柯尔系送上彻底崩溃的不归路。

引线燃烧

2004年的宏观经济，正在面临着经济周期中的又一次收缩调整。1998年开启的国企改革和刺激内需的宏观政策，为中国经济的再度扩张做好了调整，而2001年中国入世则按下了中国经济起飞的加速键。从2002年到2003年，在国民经济上游的能源资源行业，出现了令人不安的投资过热现象。资料显示，2002年，全国钢铁行业的投资总额为710亿元，比上年增长45.9%，2003年，这个数字达到了1329亿元，增长96%。与钢铁行业类似，电解铝的投资增长了92.9%，水泥投资增长了121.9%。[1]本轮经济扩张与以往有所不同的一点是，由于"国退民进"第一次成为主流语境，民营经济的表现尤为活跃，甚至集群性地向重资产行业（钢铁、石油、电解铝、整车制造等）挺进。于是，当中央政府为压制经济过热而再次清理供给侧时，民营资本自然因其先天缺陷（资本性质）和后天不足（合规性）而首先受到冲击。此外，过去几年间国有企业改革、民营经济跃进客观上带来了财富的两极分化，导致民间情绪不断发酵，终于，"国退民进"与"国进民退"的辩题又公开摆到了桌面之上。

引发这场大辩论的，是香港中文大学教授郎咸平。2004年

---

[1] 吴晓波.激荡三十年：中国企业1978-2008（下）[M].北京：中信出版社，2014年版.

8月，郎咸平分别针对三家著名企业——TCL、海尔和格林柯尔发出质疑，质疑其改制过程中存在侵吞国有资产的嫌疑。对于郎咸平的惊世之论，TCL的回应仅仅是指郎的论据有"三个不可比"，对郎的质疑则"以平常心对待"。海尔则发布了简短的公告："郎先生发表的文章是以'海尔是国有企业'为前提的，众所周知，海尔不是国有企业。"轻描淡写之间，将不利舆论消弭于无形。相比之下，顾雏军却再一次暴露了他在公共关系处理方面的弱点。他用一次激烈而糟糕的表演，再度将自己架在了火堆之上。

2004年8月13日，就在郎咸平发表公开演讲《格林柯尔：在"国退民进"的盛宴中狂欢》四天之后，顾雏军向郎咸平发出了严厉的律师函，声称郎咸平的演讲对其造成了诽谤，要求郎咸平发表更正并道歉。正愁没有对手的郎咸平当然不会示弱，随即在三天后召开媒体见面会，公布了律师函，声明"绝不会更改或道歉"，并控诉"强权不能践踏学术"。8月17日，顾雏军向香港高等法院递交了起诉状，以涉嫌诽谤罪起诉郎咸平。

顾雏军的行为表明，他对这一事件的真实含义与演变方向发生了严重的误判。在他看来，这只不过是又一起外界对他的恶意解读，而他所要做的，无非是与以前一样，以强硬的语言回击，或者诉诸法律罢了。然而，郎的发难恰好处在宏观调控收紧、产权改革日益步入深水区的背景下，顾竟然主动充当标靶而立于大众面前，自然很容易被敏感的媒体引爆舆论。要知道，国企产权的量化出让，从来只有原则而没有细则，恰如周其仁所说："公有制企业的改革实在前无古人，困难自成一家。你想企业资产已经形成，原则上也知道是多方合作的结果。可是因为当初没有清楚的约定，倒回去厘清产权份额谈何容易！"[1]既然产权量化如此困难，实际操作中就存在无数的博弈和妥协，而其中的任何一个动作都难以绝对公平。顾雏军以格林柯尔之名四处收购，本身就有颇多值得推敲的故事，他若只做不说，低调应答，或还能避开外界的集中拷问，然而他却偏要反其道而行之，终于引来滔天大祸。

很快，"郎顾之争"成为舆论热词，并迅速演化成为一场席卷全社会的国企改革大辩论。在这场论战当中，几乎所有重量级的经济学家都主动或被迫发声，表明立场；在互联网上，数以千万计的网民用投票权亮出观点，而几乎毫无悬念的，超过90%的网民都站在号称"斗士"的郎咸平这一边。到了这时，事态的发展就绝非顾雏军个人所能控制了，他后来不无委屈地说道："我也是因为莫名其妙地被卷进不应该由我们企业界讨论的事，再次当了所谓中国经济改革争论的一方，我根本就不想参加这个争论，也不想讨论这个事。"[2]

醒悟过来，感觉事态不对的顾雏军，马上退出了这场争论，甚至临时取消了一场媒体见面会。然而，天性好斗的他，似乎根本就不愿意白白咽下这口恶气。两个月以后，2004年10月20日，在离科龙公司20周年庆还有一星期时，顾雏军以科龙

---

[1]　经济观察报.周其仁：我为什么要回应郎咸平 [EB/OL]. http://finance.ifeng.com/a/20140421/12167111_0.shtml.

[2]　搜狐财经.顾雏军：莫名其妙成了中国经济改革争论的一方 [EB/OL]. http://business.sohu.com/20041024/n222656712.shtml.

的名义在北京召开了"科龙20周年与中国企业改革路径研讨会"，邀请了国务院发展研究中心的一大批专家学者，对科龙的发展经验进行总结，并形成了一篇同名报告。报告将科龙这个个案与中国企业改革路径的大棋局相关联，明确提出国企产权改革的方向不容否定。对备受公众关注的国有资产流失问题，报告认为："在产权改革中，公有资产的流失应该千方百计地避免，蓄意鲸吞公有资产应该受到严惩。但在实际工作中，对资产是否流失的判断标准仍然是比较含混的，而且有时还带有情绪的因素或者与各方的利益纠葛连在一起。在计划经济和国有体制下，资产的书面价值与真实市场价值可能相差非常大，因为资产价值常常是以过去的投入成本而不是以未来的经营收益来衡量的，企业会计制度也不能对资产价值做出及时调整。况且，产权改革还涉及资产评估审计、改革成本的计算和支付、产权交易等，这些复杂的环节并不容易监控和把握，任何环节都有可能出现真正的资产流失和被误判为资产流失。产权改革也会使有关人员和有关机构的身份、相互之间关系、实际利益发生巨大变化，如铁饭碗、铁交椅被打破了，上面有真正的老板了，长期的灰色利益不存在了，收入差距、财富差距骤然出现了，这些都可能会引发资产流失的争议和控诉。在如此复杂的环境中，如果政府没有坚强的决心和甘冒风险的勇气，是难以推进产权改革的。"

这份报告让顾雏军大大地松了一口气，在当天的研讨会上，他发言道："外面很多评论让我恍若隔世，仿佛回到'文革'时代……我觉得奇怪，党和国家的国企改革路线怎么就不对了？现在又是一夜之间，许多经济学家认为我没有问题。"

　　说出这段话的顾雏军保持着微笑的神情，看起来，他似乎狠狠地扳回了一局。然而，他也许并没有意识到，当他将自己反复置于舆论中心，也就不可避免地引起了监管当局的高度关注。在迎面而来的2005年，过于高光的顾雏军即将领着他的格林柯尔，一头扎进无底的深渊。遗憾的是，覆巢之下无完卵，曾经代表中国家电业最高水平的科龙，也即将遭遇诞生以来最为可怕的　次生死考验。

第四部
艰难的改造

第九章　生死劫难

投之亡地然后存,陷之死地然后生。

——《孙子·九地》

致命一击

顾氏科龙在一片风雨飘摇中跌跌撞撞地来到了2004年底。或许是借着20周年司庆而推出的《科龙20年发展经验与中国企业改革路径》在一定程度上对冲了"郎顾之争"带来的负面舆论环境，到年底时，事态似乎渐渐平静下来了。12月中旬，顾雏军在接受杨澜的专访时，颇具信心地表示："对科龙来说，每一天会更美好。今年是原材料成本上涨、产品价格下滑幅度最大的一年，而科龙度过了盈亏平衡点，科龙今年应该有100亿元左右的销售额，明年可能还会有15%的增长。"[1]他甚至认为，科龙H股的价格明显低于其真实价值，因而动议对H股股份

[1]　杨澜. 顾雏军访谈：中国企业没有历史但有机会 [N]. 财经时报，2004.12.

实施回购。

然而，对顾雏军而言，2005年刚一开年，流年不利的征兆就开始显现。2005年1月11日，香港联交所创业板上市委员会对格林柯尔科技控股有限公司以及包括顾雏军在内的格林柯尔董事会发出公开谴责，指出其违反创业板上市规则，未对其与天津格林柯尔工厂（此为顾雏军的私人企业）之间发生的持续关联交易做出有关披露及事先取得股东批准。没过几天，顾雏军又卷入了一桩民事诉讼案，曾因盗卖格林柯尔旗下子公司所持股票而被送上法庭的原新鸿基证券经纪人宋秦突然发难，在香港高级法院提起对格林柯尔及顾雏军的诉讼，声称前述盗卖股票所得钱款为顾雏军应付之"公关费"。尽管其所述理由听起来荒诞不经、难以采信，但港媒多以《格林柯尔顾雏军遭追讨1053万》为标题而报道此事，让受害者顾雏军看起来倒像是加害者一般，顾雏军不得不在新闻发布会上生气地质问："受害人被偷，受谴责的应该是贼，为什么我遭贼偷又被贼咬，还要遭媒体诟病？"[1]不管顾雏军是否意识到，此刻的他事实上已经落入所谓的"塔西佗陷阱"——古罗马历史学家塔西佗曾经这样评价罗马皇帝迦尔巴："一旦皇帝成了人们憎恨的对象，他做的好事和坏事就同样会引起人们对他的厌恶。"

尽管2005年开年的这两件事与科龙并无直接关联，顾雏军本人也尽力避免将科龙带入旋涡之中——在回应港媒的那次发布会上，当主持人说到"我代表格林柯尔，代表科龙感谢大

---

[1] 牛溪. 顾雏军遭贼偷又被贼咬 香港媒体让顾很受伤 [N]. 证券时报, 2005-1.

家与会"时，顾雏军马上敏感地纠正道："你就是代表格林柯尔，代表我就行了，不是代表科龙，否则就麻烦了，又会成为别人的把柄。"[1]然而，已经带有强烈"顾雏军印记"的科龙显然不可能脱离他而独善其身。特别是格林柯尔科技被联交所公开谴责之后，关心科龙的人们完全有可能顺势推断：既然顾雏军可以利用控股股东的地位，以关联交易的方式从格林柯尔科技攫取利益，难道他在科龙电器身上就不会如法炮制吗？

　　一片纷乱之中，真正致命的一击正在酝酿。2005年1月，中国证监会收到国家审计署转来的关于科龙电器涉嫌虚增2003年1.5亿元利润的案件线索，结合此前广东省证监局检查时发现的科龙涉嫌虚增利润、披露不实等情况，决定对科龙实施调查。[2]2005年2月18日，中国证监会对科龙电器立案稽查。2005年4月5日，中国证监会组成专项调查组，对科龙电器展开进场调查，与此同时，美菱电器、ST襄轴、亚星客车等三家格林柯尔系上市公司亦遭到属地证监部门的分别调查。至此，顾雏军苦心搭建的格林柯尔系资本帝国已经陷入了监管部门的"合围"。

　　对于科龙来说，厄运已在它的头顶张开了黑色的翅膀，风暴和长夜就此降临。4月27日，科龙电器发布2004年度业绩修正公告，称"预计2004年度将出现亏损，预计全年亏损金额约为6000万元人民币"，而根据2004年第3季度报告的披露，科龙在前三季度还有着超过2亿元的盈利，且预测2004年度业绩不存在亏损或者与2003年度同期相比发生大幅度变动的情况。公告

[1]　周裕妩.顾雏军：遭贼偷又被贼咬 [N]. 广州日报，2005-1.
[2]　周荣祥.顾雏军"举报信"喊冤真实性调查 [N]. 证券时报，2012-9.

一出，始料未及的资本市场一片哗然。当日，科龙电器A股股价被牢牢按在了跌停板上，而H股股价则一度跌逾25%，尾盘拉起后当日跌幅仍达到16%。与此同时，科龙已被证监部门立案调查的流言开始在市场中传播（该事项此前未公开）。5月10日，在收到监管部门书面通知之后，科龙正式发布公告，称"本公司因涉嫌违反证券法规已被中国证券监督管理委员会立案调查"，沉重的靴子终于落地。

2005年5月，科龙在度过20周年司庆仅仅半年之后，便陷入了前所未有的巨大危机之中。没有人知道这场危机会以怎样的方式度过；更没有人想到，这竟然是一场事关存亡的生死劫难。

四面楚歌

风雨飘摇之中，科龙管理层仍然试图稳定局面。顾雏军针对2004年业绩回应道："业绩波动对科龙公司良好的发展势头不构成任何实质性的影响。"[1]对于监管部门的调查他则在口头上表达了欢迎："证监会加强对上市公司的监管，是有利于科龙进一步规范管理的，也有利于科龙的长远发展。"[2]科龙副董事长兼总裁刘从梦、分管营销的副总裁严友松也在不同场合下力挺公司，称亏损的主因是审计机构采用了过于严格的会计估计，而科

[1] 戴远程.科龙年报被出具保留意见 巨额计提可能另有玄机 [N]. 南方日报，2005-4.
[2] 张钦.证监会调查科龙违规 顾雏军称不会影响正常运营 [N]. 北京青年报，2005-5.

龙目前的生产经营情况是"产销两旺""非常乐观"。

　　然而，此时的科龙已经不容乐观。尽管这个庞大机器出于惯性仍然在隆隆运转——一名科龙前员工在自己的著述中证明道："2005年5月份，虽然科龙已经危机四伏，资金链已经断裂，但在管理层的努力下，科龙的运营还基本正常。这么庞大的一个企业，依靠着自身的实力以及总部各部门、各营销分公司人员的努力，市场上虽有传言，但大多数经销商仍然还繁忙地吞吐着科龙、容声产品。"[1]然而，一些蛛丝马迹的出现，证明了它的情况正在恶化。科龙的一名供应商向媒体反映："以往科龙都是用银行承兑汇票跟我们结算的，2004年开始，则推出用商业承兑汇票结算的方式。但是突然从4月1日开始，（银行说）所有在此之前开出的商业承兑汇票都不允许贴现……我跟科龙做生意都很多年了，但从来没有遇到过科龙的商业承兑汇票不能贴现的情况。"[2]

　　企业开出的商业承兑汇票无法在金融机构贴现，意味着掌控信贷资源的金融机构已经对企业的信用状况产生了巨大的怀疑。事实上，一些风控严格、信息灵通的金融机构，从2004年开始已压减对科龙的授信规模，而当科龙被证监会立案调查的信息被正式公告之后，银行的流动性支持终于彻底停摆。尽管科龙高管迅速展开与金融机构的磋商，顺德区政府亦召集辖区内金融机构开协调会，但在监管部门尚未下达调查结论而市场

[1]　李国华.科龙变局[M].北京:当代中国出版社,2006年版.
[2]　方玉书.科龙电器遭四省证监局巡检称结果应该是没问题[N].第一财经日报,2005-4.

猜疑日深的情形下，科龙所能争取的最大支持不过是使银行不立即抽贷，新增授信却绝无可能。

此时的科龙已经高度依赖外部的流动性支持。根据科龙电器所披露的2005年一季度财务报表，其2005年3月底的流动负债高达83.7亿元，仅短期借款、应付票据、应付账款三个科目的总和便接近70亿元；与此同时，其流动资产亦不过仅有80亿元，其中可以用来偿债的账面货币资金不过25亿元（未披露受限现金金额），而存货（这些存货能否快速等价变现却是令人怀疑的）的账面价值则高达30亿元！这样一个身躯沉重的庞然大物，如果突然对其"断炊"，灭顶之灾也就不远了。

事态的发展也证明了这一点。5月，在被调查的公告尚未发布之前，市场中已经流言四起，连科龙内部都有人在相互打听："听说证监会已经进集团大楼了？""听说银行已经不给科龙贷款了？"销售人员最直观的感受是，科龙最畅销的当家产品——容声冰箱的货源已经十分紧张，分公司给经销商压的货，多是中转仓的滞销机，而2005年的新品却迟迟不到。[1]

到了6月，事态完全不见好转，反而有愈演愈烈之势。由于针对科龙的不利流言在市场中广泛传播，供应商纷纷要求科龙将自己手里的商业承兑汇票换成银行承兑汇票（后者因由银行承兑而具有较高的信誉），甚至采用上门围堵、发律师函、起诉等方式催讨货款。一旦有人开始行动，所引发的连锁效应自然让科龙雪上加霜。

---

[1]　李国华.科龙变局 [M].北京：当代中国出版社，2006 年版.

  资金链日益紧绷，为了控制运营成本，开工量的削减已成不得不为之举。根据当时一些媒体的报道，6月初时科龙已经限产，将原来的三班生产改为双班生产，并裁掉了部分员工；[1]而到6月中旬，又有知情人士声称科龙的配件金属加工厂已裁员100多人，空调公司也有裁员，而6条冰箱生产线中有3条已经停产。[2]7月中旬时，一名科龙当时的中层管理人员面对媒体无奈地陈述道："从今年5月开始，生产就非常淡了，目前已基本上全都停产。两个多月了，谁也不知道科龙究竟会走向哪里。"[3]多年之后，这段历史的亲历者们纷纷确认了停产事实："有一段时间，内销部分已经完全停产，但有一些国外的OEM订单，因为委托方事先已经打款，还能以专户运作的方式投产，所以生产线开开停停，断断续续地支撑着。"

  融资无望，大股东又自身难保，而不管开工与否，费用每天都在敲打着科龙的大门，现在科龙除了加速销售获取回款，没有第二条自救之途了。科龙总部向各地的营销分公司加压，要求每月完成回款任务，然而，经销商的大量资金早已打入科龙的账户，发来的货品却越来越少，这令经销商也疑虑重重，不敢继续大规模投入资金，甚至反过来倒逼科龙的营销人员去生产基地"抢货"。6月中旬时，一名经销商对媒体反映道：

---

[1] 程强，晨路，方玉书，田晶.传言美的要收购 员工认为顾雏军的偏执拖累科龙 [N].第一财经日报，2005-6.

[2] 晨路，田晶，方玉书.科龙电器已开始减产裁员 部分贷款银行展开谈判 [N].第一财经日报，2005-6.

[3] 王成盛.员工称科龙和顾雏军应该分开 呼吁尽快拯救科龙 [N].中国证券报，2005-7.

"自5月底起，科龙每天给我们的供货量只有三四台左右。现在应该是生产经营的旺季，但科龙目前自己生产的产品，大约是去年同期的1/10左右。"[1]还有一名经销商抱怨说，顾雏军对代理商作出的补差政策等承诺，许多都没有兑现。[2]到7月中旬，一些终端卖场纷纷反映，"科龙的冰箱产品几乎已经到了'无货可卖'的地步了，空调产品境况也类似"。[3]

银行停贷、供应商挤兑、经销商抢货、生产停顿、裁员……在白电进入热销期的2005年夏天，科龙却仿佛身处隆冬，寒风刺骨，四面楚歌。从设计、生产到营销、物流，还留在科龙的每一个人心里都明白，一条无形的绞索已经勒在了科龙这条"病龙"的脖子上，正在逐渐收紧；而能够解开这条绳索的手，却尚不知处于何方。他们能够做的，只是焦急地发问："科龙和顾雏军应该分开，顾雏军的问题也许一时半刻无法下结论，难道科龙就一定要跟着奉陪到底吗？虽然他拥有科龙26%的股权，但科龙并不是他一个人的，剩下的股东和几万员工，难道跟着一起拖死呀？"[4]

[1]　程强，晨路，方玉书，田晶.传言美的要收购 员工认为顾雏军的偏执拖累科龙 [N]. 第一财经日报，2005-6.

[2]　晨路，田晶，方玉书.科龙电器已开始减产裁员 部分贷款银行展开谈判 [N]. 第一财经日报，2005-6.

[3]　李琳.黄金时段科龙销售链告急 冰箱空调几乎无货可卖 [N]. 每日经济新闻，2005-7.

[4]　王成盛.员工称科龙和顾雏军应该分开 呼吁尽快拯救科龙 [N]. 中国证券报，2005-7.

危墙之下

2005年8月，随着科龙危机的发酵，容声品牌已经到了它诞生22年以来最为危险的时刻了。

如果时光倒回8个月，绝没有人会想到，这个曾经连续九年拿下中国冰箱产销量第一的知名品牌，在2004年当年还以"节能明星"BCD-209S横扫市场，夺得单品销售排名第一和综合零售量排名第三的佳绩，在仅仅8个月之后，就沦落到了生死未卜的境地。根据中怡康的月度监测数据，在2005年8月，容声冰箱的零售量占市场份额仅为2.63%（而就在2005年1月，这个数据还达到10.1%），竟然退出了冰箱品牌的前10名，这是自容声崛起以来，从未发生过的可怕局面。

造成这种局面的根源当然正是科龙公司的经营困境。自5月份以来，科龙各生产基地减产日益严重，直接导致各终端家电卖场、连锁商超的容声柜台上，几乎看不到新品的踪影，在售的还是库存中的老机器。凭借容声品牌强大的市场号召力和终端销售人员的努力，库存机依然卖得热火朝天。只是，所有人心中都存有巨大的疑窦：库存老品总有卖光的时候，要是到那个时候，新机还没有到位，容声、科龙的柜台卖什么？

到了6、7月间，人们的担心终于变成了现实——除了顺德总部生产基地中定牌出口的品种因专款专用还能继续生产之外，所有基地的内销产品都已经完全停止生产。与此同时，各经销商的柜台上，容声产品的库存已经基本卖空，有些柜台连样机也卖了出去。6、7月份是空调、冰箱等白电产品的传统销售旺季，其余竞品都在拼命上新品、做活动，吸引各色消费者前去购买，一派喜庆热闹的场面，容声柜台却是冷冷清清，空空如也。

一些商家已经开始犹豫动摇。白电产品的旺季主要在夏季，如果容声的死结迟迟不解，柜台始终空置，那么无异于将商机拱手给他人，自己的辛苦只能付诸东流。一位彼时在科龙总部负责容声营销的老员工，在时过境迁之后仍然心有余悸："因为长期不供货，一些商场把库存卖完之后，就把柜台、展台撤掉，换成别的品牌；有些涉及重新装修，甚至没有给容声预留位置。"

但仍有一些合作商家的忠诚与坚守令他动容："有一些商家是很让我们感动的。他们在库存完全卖空的情况下，展台上样机一台不动，哪怕一天一分钱流水也没有，照样不撤柜。为什么呢？他对这个品牌有感情，有信心。过去和容声合作了很多年，也挣到了钱，现在容声有困难，他们会有一种反哺的心态在里面，要主动维护容声的声誉。顾客问起来就是拍胸脯：容声没事，过几天就有货了。"

选择坚守的还有大批终端导购员。一位早先给另一个冰箱品牌做导购、此时则已经为容声服务了六年的"金牌导购"回忆说："当时容声的专柜已经空了，我们只好一边守着空柜台，一边追着商场领导和容声业务员要货。但当时实在是没有货了，我们导购基本上只能拿着基本工资，然后偶尔帮其他品牌做做临促。也有其他品牌说，你们那里都没货了，不如到我们这里来做算了。但是大多数人都还是坚持下来了。还是一种信任吧，相信容声品牌这么好，一定不会倒掉的。"

相比销售渠道，身在顺德总部的人们则直接暴露在凛冽的寒风之中。大减产来临时，普通工人最先被辞退，而生产车间中的管理岗位，譬如车间主任、班组长们，因工作经验丰富而被留了下来。然而，他们每天的工作无非是对付几条偶尔开起的生产线，以及翻来覆去的盘库而已。手握外贸订单的顺德基地日子还要相对好过一些，其余生产基地面临的情况更为严峻。以2005年刚刚投产并扩建的扬州基地为例，这个在顾雏军的规划中生产规模将冠绝科龙的生产基地，其投产时雇员数量已达到数百，但覆巢之下无完卵，科龙资金枯竭之后，扬州基地很快成了一片杳无人烟的荒地。到两年后重启之时，原科龙的留守人员只剩下了区区十余人。

还有一些人，他们的岗位既与生产物料无关，也不直接面临消费者——譬如研发条线和总部营销条线的员工，在这场大地震中受到的直接冲击似乎较小。虽然生产停顿导致工作量明显下降，但在地方政府的保护下，员工的基本工资仍然受到保障。考验他们的主要是在企业前景的不确定性之下，竞争对手无所不在的挖墙脚。珠三角是家电业群雄林立之地，而科龙更是此中豪强，它一旦陷入危难，则那些经验丰富的员工立刻成了"群狼"必争之食。后来曾长期担任容声冰箱国内营销主要负责人的冯涛，此时正是总部营销人员之一，据他的回忆："在7、8月间，我们每一个人几乎都接到了（猎头的）电话。"许多研发人员的回忆也证实了这一点。有一些人才确实因同行的挖墙角而流失了，但选择坚守的也不在少数。根据冯涛的回忆，整个冰箱营销部几乎没有人选择离职。这些身在局中的人们，似乎对容声冰箱的重新崛起抱有一种近乎迷信的确定感。

中国有句古语，"君子不立于危墙之下。"2005年8月，科龙公司就成了这样一座"危墙"。危墙之下，有人选择逃离，有人选择坚守。但不论做出何种选择，所有人都在胆战心惊地看着这堵危墙，等待它被重新竖立，抑或就此轰然倒下。

海信入局

时间倒回至2005年5月。

在遥远的海滨城市青岛，气温适中，体感舒爽，空气里尽是阳光和海风的清新味道，让人忍不住想要雀跃奔跑。海信集团一年一度的职工运动会正在天泰体育场如火如荼地举行，按照惯例，时任海信集团董事长周厚健、总裁于淑珉、副总裁汤业国等集团领导均出席了这项已延续了十年的职工活动。在当时看来，这次运动会并没有什么特殊之处，但多年以后，他们都将对此印象深刻。

"我记得是在接近中午的时候，我们听到了这个传言。"汤业国在很多年后回忆道，"海信和科龙隔得很远，科龙具体出了什么问题不清楚，也不知道科龙是不是会卖，只是听说证监会在查科龙，科龙的问题很严重，还能不能经营下去不好说。在那次运动会上，几个主要领导马上碰了一次头，决定先派几个人去了解一下情况，看看是不是有机会收购。"

对海信来说，科龙是一个从天而降的礼物——尽管后来他们才意识到，这个礼物的代价非常昂贵。

2004年，海信集团刚刚以273亿元的营业收入排进中国电子业百强的第九位，在海信身前的家电业豪强仅海尔、TCL、美的等寥寥数家。对这个成绩，周厚健并不满足。在2004年底的海信集团35周年纪念大会上，周厚健道出了自己心中的三个遗憾：海信的规模不够大、资本运作不够好、海外市场拓展力度不够强。细察海信此后的发展路径，几乎便是弥补这三大遗憾的过程：扩大经营规模、完善资本运作、拓展海外市场。在某次专访中，周厚健强调"今天做的事一定要给明天创造空间，战略定准了就不能波动——这是最重要的"，诚哉斯言。[1]

在科龙的机会出现以前，海信并非没有通过资本运作扩大规模的经历。2000年以前，海信先后通过收购淄博双喜、贵阳华日、辽宁金凤等区域品牌扩大彩电产能。考虑到黑电业频繁的价格战带来的低利润和快速技术迭代带来的高资本投入，海信又迅速开拓新领域，分别于1996年和2002年上马空调产品和冰箱产品。就在2005年上半年，海信刚刚通过两次收购行动加强了在白电领域的布局：在南京，海信收购了伯乐冰箱50万台产能的冰箱生产线，打造了自己的南京冰箱生产基地；在湖州，海信以5600万元的较小代价取得了先科集团所持浙江先科

---

[1] 任雪松. 收购科龙300天：周厚健的冒险 [J]. 中国企业家，2006-6.

空调公司51%的股权，获得了具备100万套空调产能的湖州空调生产基地。不过，和并购手握"科龙""容声"两个国家著名商标、一度排行冰箱产销量第一和空调产销量第三的科龙电器相比，这两次收购倒像是餐前甜点了。

在接下去的几天里，消息纷至沓来。科龙因涉嫌违反证券法规而被证监会调查已是铁板钉钉的事实。据说存在的主要问题可能是两方面，一是虚报收入、虚报利润，二是大股东挪用上市公司资金。同时，科龙在经营上的麻烦也逐步暴露出来。"主要的问题是债权债务问题。"汤业国回忆道，"一个是大股东到底欠没欠上市公司的钱，欠多少，当时只是风闻，详情不知道；另一个是科龙欠银行和供应商的钱，欠款是正常的，数额不一定正常。"正如科龙在2005年一季报中所披露的那样，其对银行和供应商的短期债务总额已经接近70亿元，但科龙2004年全年营业收入也不过84亿元。

进入6月，科龙的情况不见好转，顾雏军所持股份可能转让的流言四起。TCL和伊莱克斯最早出现在媒体的"绯闻"名单中，接着，和科龙同处顺德的美的也被认为很有可能受让科龙的股份。尽管前述公司马上发表声明，以或明确或暧昧的方式否认收购传言，但"枳句来巢，空穴来风"，流言往往并非无根。

周厚健不打算继续坐等局势明朗了。他一边动用自己的网络，寻找中间人去和顾雏军接洽，一边将收购科龙的提议抛给海信的其他高层。据说当时海信的高管层对于收购科龙的价格和整合风险还心存疑虑，也因此分成了积极推进和慎重推进两派。周本人坚决站在前一派中："价格固然重要，但如果企业很需要的话……仅仅用资产价格来衡量(科龙对于海信的意义)，未必准确。海信收购科龙，冒的不会是生死风险。"[1]

在中间人士的牵线下，7月4日，周厚健和顾雏军在北京会了第一面。此时的顾雏军并没有表现出在遭到调查和企业经营困难时应当表现出的沮丧或不安，按当时媒体的说法是"顾先生一直处于很亢奋的状态"。顾雏军对于所持科龙股权的首次报价是15亿元。由于对科龙的情况还不太了解，周厚健无法深究此价格的合理性，也没有出示海信的价格底线，双方只是约定嗣后再谈。两天后，双方在青岛再度会面，海信的总部大楼摆出一张罕见的20人大圆桌，隆重地接待了顾雏军一行。谈判的核心还是围绕着价格，双方一直从晚上谈到深夜，最后把谈判的起始价格确定为12亿元。同时，科龙允许海信派出尽职调查小组，对科龙的经营状况做深入的调查。[2]

种种迹象表明，直到7月中下旬，顾雏军对自己的所处境况仍然比较乐观。他不止一次地对身边人说："不到最后关头我绝不会卖科龙。"对前来接洽的卖家也大有一副待价而沽的傲气。他还公开声明，绝不会将科龙卖给某两个家电龙头，原因是他"不看好这两家企业的前景"。到7月下旬证监会调查组撤出科龙，与证监会有关官员在北京谈完话之后，顾雏军甚至乐观地预计，"再过半个月，我们要主持召开一个新闻发布会"。[3]

[1] 任雪松. 收购科龙300天：周厚健的冒险 [J]. 中国企业家, 2006-6.
[2] 任雪松. 收购科龙300天：周厚健的冒险 [J]. 中国企业家, 2006-6.
[3] 周一. 佛山劫：压倒顾雏军的最后一根稻草 [J]. 中国企业家, 2005-9.

对于海信来说，这次收购正在向理想的方向前进。随着双方商谈的收购价格继续向下，内部对于收购科龙的共识越来越坚定。汤业国说："第一，海信以黑电起步，当时也下决心要在白电行业有所发展，但因为起步晚、规模小，影响力和知名度还很不够，而科龙、容声是白电行业里的驰名商标，如果通过并购拿到科龙的产能和品牌，这是很划算的；第二，海信的影响力主要在北方，而科龙的品牌和渠道在南方表现强势，收购科龙可以实现区域互补，全国覆盖。基于上述两个原因，我们一致认为应该收购科龙。"外部的竞争仍很激烈，传言的竞购者包括顺德当地企业如美的、格兰仕、万和、东菱凯琴等，外地企业如TCL、长虹、康佳等，甚至还有跨国公司和投行如伊莱克斯、LG、GE、高盛等，但真正开出报价的并不多，开出的报价也无法与海信相比。

对于顾雏军而言，海信是接手科龙的比较理想的对象。据和君创业咨询集团总裁李肃回忆，顾曾对他亲承，在比较了国内几家知名家电公司的长短处之后，顾雏军认定海信的运转及发展相对良性，周厚健让他比较放心，他有心把科龙交给海信。[1]另一个重要的因素是，顾雏军认为海信的强势领域是黑电，在并购科龙之后不会刻意打压他引以为傲的科龙和容声品牌。无论顾的经营理念和管理水平如何，是否有不法之举，他对于科龙的感情是真实的。

正当两方加速相向而行时，一个突发事件打断了双方谈判

[1] 周一. 佛山劫：压倒顾雏军的最后一根稻草 [J]. 中国企业家, 2005-9.

的根基，科龙的前途再次变得扑朔迷离。

顾雏军被刑拘了。

两个关键

根据后来的新闻报道，顾雏军是在2005年7月29日（星期五）晚从上海飞抵北京时，在首都机场被佛山警方带走的。由于后两天是周末，一直到第三天的8月1日，新华社等权威媒体才从相关方面获得证实并进行了报道。

海信获悉此消息的过程则极为戏剧性。在顾被拘捕的同一天，以海信集团总裁于淑珉、副总裁汤业国等人领衔的收购谈判与尽职调查小组已经到达了顺德，与科龙方面充分接洽，并做好了到各生产基地和营销分公司进行尽职调查的分工安排。当地政府将海信视为有能力拯救科龙的"白衣骑士"，对此次来访非常重视，顺德主要领导还盛情邀请海信的几位核心高管在顺峰山庄共进晚餐。然而，客人早早到达晚餐地点后，主人却直到晚上8时许才姗姗来迟。对于晚到原因，主人轻轻遮过，客人自然也不会深究，于是互道辛苦，宾主尽欢。

到了第二天，海信方面准备进入科龙，进入实质的尽职调查阶段，岂料科龙总部已经"铁将军把门"，前一天热情的迎接竟变成了保安冷冰冰的拒绝。海信方面一头雾水，向地方政府询问，对方吞吞吐吐，不能明言，只是建议海信找科龙总裁刘从梦商谈收购事宜。海信方面立即与刘从梦取得联系，但他在电话中也是欲言又止，最后含蓄答道："说了算的人现在也无法做主，这事先搁一搁再说吧。"两天之后，真相大白。

顾的突然被拘对海信而言，仿佛是忽然从狙击手的瞄准镜中撤去了标靶，局势一下子变得混沌起来。能谈的人说了不算，说了算的人不能谈，接下来该怎么办？海信在短时间内无法破解这个残局，决定先撤回大部队，留下三个人以非正式的方式展开调查。

在一片混沌之中，一个关键的机构浮出水面，挽救了行将失控的局面。顾雏军的刑辩律师、德恒律师事务所全球合伙人李贵方在一次受访时透露道："顾被羁押后，他见到我的第一句话就是'立即委托全国工商联对我公司进行重组'。"[1]全国工商联被视为全国民营企业的"娘家"，顾雏军在被羁押之前，便是借道全国工商联的途径与上层沟通。在入狱之后，顾雏军认为这是他唯一可以信赖的力量了。

海信集团则得到了青岛市国资委的全力支持，其不仅通过了海信集团上报的拟收购科龙电器的报告，而且迅速同意海信集团以控股子公司海信空调为收购主体，并对海信空调增资扩股下达批复。此外，青岛与广东、佛山两级政府迅速展开接触，充分表达意向。

8月初，全国工商联协调各方，召开了关于重组科龙的会议，讨论的结果是，根据收购价格、企业资质、顾雏军本人意愿多方面因素考虑，在众多的争购者中，海信是收购、重组科龙较理想的对象。随后，一条连接外界和看守所的谈判通道被

---

[1] 任雪松. 收购科龙300天：周厚健的冒险 [J]. 中国企业家，2006-6.

建立起来：工商联为科龙的重组专门成立了一个5人工作组，这个5人小组帮助顾雏军与海信、科龙、政府进行信息嫁接。5人小组代表顾雏军与海信谈，谈完之后形成文本，向顾征求意见，再将顾的意见反馈给海信。[1]

科龙的经营状况仍然每况愈下，顾雏军的筹码正在日日流失，于是，他的要价也开始松动，不再咬住12亿元不放。最终，双方同意海信以9亿元（即每股3.432元）的对价溢价收购广东格林柯尔所持有的科龙电器全部股份（占已发行总股本的26.43%），同时，双方共同聘请会计师事务所按基准日（2005年8月31日）进行全面审计，同意以审计结果确认的公司净资产与账面净资产的差额等比例调整股权转让款。在上述条件下，海信的最低出价为5亿元。9月9日，被关押在顺德看守所的顾雏军在股权转让协议上签字。9月15日，科龙电器在收到前述协议文本后正式对外发布公告。

9亿元是一个震动人心的数字。当时，虽然绝大部分竞争者已经退出竞购，但仍有一部分还留在场中，譬如顺德当地的企业东菱凯琴。这家企业自始至终对并购科龙保持着高度的兴趣，甚至通过联合海外基金提出报价。只不过，东菱凯琴的报价据说只有3亿元左右，这自然无法与海信的报价相提并论。当然，海信也并非无度地提价，允许按照审计结果调整价格这一关键条款，最大程度保护了海信的安全。

可调节的、具有竞争力的报价，正是海信收购成功的第一个关键点。但相较而言，另一个关键点甚至更为重要。

很显然，对企业进行全面审计需要时间；此外，由于格林柯尔所持科龙股权已被债权人申请冻结，想要完成股权过户必须和债权人达成一致，这也需要时间。但是，科龙已经没有时间了。这家曾经声名显赫的白电龙头，此时其研发、生产、销售等各个环节已经基本瘫痪，几乎彻底丧失了造血功能，但资产折旧、管理费用甚至是债务的孳息，每分每秒都在累积。科龙已经失去了白电最为旺销的夏季，如果它继续失去十一长假，坐等审计完成，那么到时候科龙是否尚存世上，便真正成了未知之数。这个后果，显然是顾雏军、地方政府、全国工商联、海信、中小股民、债权人等各利益相关方都不愿意看到的。

于是，在股权转让协议的基础上，海信创造性地提出了一个"销售代理"的概念——由于科龙并购案在时机上的特殊性，这一模式在其他的股权并购案中极为罕见。具体的方法是，科龙以招聘的形式将海信的派出人员吸收至关键岗位，使海信得以全面调度科龙的生产经营。同时，海信以预付款的形式向科龙注入流动资金3.01亿元，用于购买科龙的产品，并获得科龙电器内销产品的销售代理权，全面负责其发货和回款。海信按科龙产品销售额收取1%的代理费，同时保全科龙原有的销售体系并促使其运转。科龙产品所发生的营销费用（包括海信派驻人员的工资等费用）则全部由科龙支付。

这是一个极富智慧的设计。在股权过户不可能在短期内完成、不能以大股东的合法身份掌控科龙的前提下，海信以在关键岗位派驻人员的方式，完成了对科龙的全面梳理和实际控制；而注入流动资金、实行销售代理，则是在保障海信资金安全的前提下，让科龙的资金链迅速转动起来的最佳方法。只要现金流开始滚动，再加上海信本身的信誉背书，便能给银行、供应商、经销商等外部相关方带来信心，从而助力科龙突破恶性循环，重回经营正轨。

不过，销售代理模式毕竟是权宜之计，长时间以变相托管的方式"嵌入"科龙，名不正言不顺，各方都不会认可。于是，海信与科龙签订的"销售代理协议"设定了一个为期半年的有效期，至2006年3月31日终止。

于是，对于海信而言，一场难度极大但又必须高分通过的"考试"开始了。考卷之上列着两道难题，一题是"救活科龙"，一题是"完成收购"，而完成答题的时间，只有半年。

第十章　力挽狂澜

迷途漫漫，终有一归。

——米兰·昆德拉《不能承受的生命之轻》

陌生人的交汇

2005年9月，周厚健尽遣海信白电的精兵强将，让他们远赴顺德。所有人均即时谈话、即时派出，最多只给两天准备时间。没有人提出异议——这支先遣队纪律严明，令行禁止，宛如军队。

在顺德，海信集团副总裁兼海信空调总裁汤业国被委任为科龙总裁，刘从梦辞任总裁，保留代理董事长一职；海信冰箱总经理苏玉涛、海信集团副总裁兼计财部部长肖建林、海信集团资本运营总监张明、海信营销副总经理石永昌等均被委任为科龙副总裁。除高管之外，财务、研发、制造、采购、物流、营销等各条线均有核心人员派驻，总人数大约在30人。

科龙人怀着好奇心看着这支风尘仆仆的先遣队。对于海信

人的到来，他们的心情是极其复杂的。一方面，科龙确实已经
到了生死存亡的紧急关头，海信的出手相救，让他们开始怀有
希望；另一方面，落寞和不甘的情绪是普遍存在的，顾雏军时
代的资本大跃进，让科龙人自豪于"制冷帝国"的盛况，而现
在却不得不"委身"于白电行业的后来者海信，特别是当一些
媒体以"蛇吞象"为名来形容这次交易时——尽管当时的事实
是，海信集团已经以273亿元的年度营业收入排名中国电子百强
第九位，而科龙的营收还只有80多亿元。当看到科龙招待所开
始招聘北方面点师傅，一名科龙员工在日记中不无酸楚地记录
道："变化是显著的，就连对外承包了的维扬春饭店（科龙招
待所），也改口味做北方菜了。在一片湘菜、川菜的包围中，
也许很快就会有北方馒头、手擀面和山东大饼了。"[1]

　　海信先遣队的成员几乎没有余裕去体味科龙人的心境。他
们身上背负着巨大的压力——在6个月的时间内，他们必须完成
对科龙资产债务情况的盘点，为收购提供决策依据；必须对科
龙经营各环节进行全面梳理分析，为后续的调整做准备；必须
马上让科龙的产销体系运转起来，开始自我造血，以挽救其业
已失血过多的躯体。所以他们立刻把每分每秒都投入到工作中
去，而无暇顾及其他。汤业国后来回忆起这一段经历时，曾心
有余悸地总结道："2005年9月的科龙就像一个已经下了病危通
知的病人，随时都有可能死掉，充满着不确定性。"[2]而海信
的这支先遣队，就好像ICU中的医护人员，他们竭尽全力地检

[1]　李国华.科龙变局 [M].北京：当代中国出版社,2006年版.
[2]　刘宏君.科龙走出重症监护室 [J].中外管理,2007年版.

查着这个病人的生理状况，在此基础上，使用各种方法维持他的生存。

先遣队中人数最多的是财务人员，他们需要摸清科龙的家底，特别是要搞清楚，经历了半年的剧烈震荡后，科龙和外部相关方之间的债权债务关系到底恶化到了什么程度。结果是令人吃惊的。据财务条线的亲历者回忆，海信首批团队进入摸底时，科龙对银行、供应商的合计欠款数额有60多亿元，对经销商承诺的未兑现的费用、返利也为数不少。由于拖欠时间长、债权人众多，此时已有不少债权人提起诉讼，并通过法院冻结了科龙的账户，将科龙的土地、房产甚至原材料、产成品予以查封，银行彻底断贷，供应商停止供货。另外比较棘手的一点是，科龙的债权银行几乎囊括了当地所有的银行，这意味着债务重组的弹性空间变得很小。

其他与生产经营有关的人员，包括研发、制造、采购、物流、营销等条线的人员，迅速融入了科龙的相关条线，了解科龙的经营情况，以便"诊断把脉"，并为后续的整合打好基础。以海信之眼看科龙，他们得出的普遍结论是：顾雏军治下的科龙尽管在战略上屡有亮点，但由于其管理团队缺乏大集团经营的经验，在精细化管理上明显"缺课"甚多，特别是在2005年内外交困的不利环境之下，管理上的粗放乃至失控就更加明显地暴露出来。

譬如，一名有着知名白电企业从业背景、负责过海信南京冰箱基地建设的制造条线中层干部来到科龙在顺德和扬州的生产基地后，不无担忧地指出，尽管科龙在规模上处于领先位置，但生产设备的状况并不理想，"它收购了很多旧的生产线，设备比较老化，自动化程度也很低"。另一名制造部门的干部则提到，不仅是设备老化，人员的状态也有很大问题。由于一直处于动荡之中，人员流失比较严重，制度无法很好地执行，导致生产的效率和质量都出现了问题，"冷柜产品有一个月返修率达到了3%以上"，而且"科龙改一个东西流程比较繁杂"，调整起来速度也不够快。

在采购方面，最让海信派出人员感到头疼的是，科龙的物料种类实在太过繁多，而物料过于繁多的主要原因是设计标准化做得不够。"打个比方说，如果一个冰箱需要50个螺钉，我们可能会把它分成10种，也就是需要采购10种物料；但科龙有可能就是50种，一个都不整合。有些设计从规格上讲就差1毫米甚至0.5毫米，但就是不整合。从这个角度来讲，它的管理是过于粗放的。"至于出现这种情况的原因，"有可能它的特点是订单驱动制，客户要什么就给什么，但是其实很多客户的要求是可以谈的，可以结合我们现有资源来减少种类、降低采购成本，但是它缺少这个过程"。

在营销条线，让海信人感到亟须调整的有两个方面。一是部门架构叠床架屋，官僚习气重。科龙营销各部门部下面有处，处下面有科，中层干部往往不是亲力亲为，而只是起到上传下达的过渡作用。人员层级一多，加上科龙集权式的财务管理风格，流程就难免冗长，有时为了报批一个价值数百元的物料，就要签上一二十个字，但其中绝大多数签字者却又并不对此负责。当时主抓国内营销的石永昌曾生气地说："以后要打破处、科！销售部门要处、科做什么？营销做成专家就行了么！又不是政府机关，一定要改！"[1]二是由于价值取向不同导致的经营方式不同。海信是以财务为导向的企业，具体经营权则下放到各地营销分公司，分公司具有相对独立的人事任免权和财务控制权，对收入、利润、回款等一系列经营指标负责；而科龙分公司没有独立的人事权和财权，其主要的功能是尽可能多地出货给经销商，因此其主要关注的指标只有"开单量"（即经销商的产品需求量），而完全不关心收入、利润等财务指标，甚至不关心货品本身是否已从生产线下线。这种规模导向、前后断层的经营方式显然不利于对盈利能力和现金流、物流的全面掌控。

最受众人诟病的领域可能在于库存管理。不少人都指出，相比海信，科龙在库存管理上，一是仓库面积过大，太过铺张浪费；二是管理过于粗放，在仓库里走路像在"蹚地雷"。一名财务人员用"震惊"来形容自己在盘库时的见闻。据他的记忆，当时科龙在顺德基地本身有一个面积很大的仓库，然而除此之外，还在外部租了50多个仓库，用于存放其海量的存货。有一次——这次经历让他印象极为深刻，以至于十多年以后仍然感到历历在目——他和同事去一个仓库盘点存货，盘货当然需要核对账、物、卡一致，但库管员却找不到账卡，过了好久才在地上的某个角落里找到，上面积满了浮灰。他由此得出结论："这些货物已经很久没有盘点了。"这些没有盘点的货物

---

[1] 李国华. 科龙变局 [M]. 北京：当代中国出版社, 2006 年版.

里，还有很多三四年前的存货，以家电行业的跌价速度，它们的市场价格当然已经严重偏离其账面价值，并将毫无意外地带来巨额亏损。还有一名干部在盘库时看到了另一种匪夷所思的现象：在那个总面积有近千平方米的仓库里，科龙的小家电产品密密麻麻地堆了一人多高，但账面上却并未显示有这批产品的存在。"海信一台机器，从生产、运输、存储、销售，整个是一个闭环。今天生产出来10万台机器，只要没有销出去，一定会在某个地方找到那台机器，不会有差异。但科龙的产品竟然可以不在账。不在账就说明这是可以随意处置的，但同时你的仓储费还在支出，其中的浪费就很可怕了。"

当然，并非所有的差异都令人失望。一名海信派驻的研发人员用非常肯定的语气表示，"科龙研发队伍的实力非常强大"。对于崇尚"技术立企"的海信来说，这几乎可以算是至高无上的评价。这确实并非恭维之词，历史上的科龙在任何时期都敢于在技术方面做大规模的投入，整体水平在白电行业中始终保持领先。顾雏军时代的科龙对于研发人员重视程度有增无减，曾大幅度提升技术人员的整体薪酬。此时的科龙虽然处于动荡时期，但仍然保证了基本薪资的发放，这使得研发队伍在人员流失潮中仍然保持了较好的稳定性。另一名营销人员则指出，科龙在培训体系的标准化建设上，是当时仍然采用"老带新"传统模式的海信难以望其项背的。

就这样，2005年9月，在南国温暖的气候里，不期而遇的海信人与科龙人相互用好奇的眼光审视着对方。一方思索着如何拯救与调整，另一方则以混合着期许、疑虑乃至抗拒的心情，等待着命运的裁决。

重启科龙

在海信人"望闻问切"的同时，重启科龙的行动已经展开了。

此刻的科龙尽管经历了半年的动荡，但其品牌影响力、研发能力、营销队伍、销售渠道并未受到致命伤害，生产线上虽然减员较多，但只要资金开始流动，就能够在短时间内恢复。归根结底，其最大的困难是资金链的断裂，以及由此带来的内外部信心的丧失。在外部，科龙对供应商和银行的欠款达到60多亿元，有些债权人已经采取激烈的行动维护自身权益，而这在客观上引发了强烈的连锁效应，对科龙解决自身危机尤为不利；在内部，尽管"留守内阁"尽力安抚人心，也组织了不少文艺娱乐活动以鼓舞士气，但流言不可避免地在公司内扩散，几乎可以说是"人人自危"。此前，地方政府出于维稳的考虑，协调法院、银行为科龙留下一个用于发放人员基本工资的专户，但到海信进入之时，专户内的资金也已经消耗殆尽。一旦工资发放停摆，那么科龙的崩解也就为时不远。

针对这些情况，在进入之初，海信就披露了收购方案的六大要点：第一，重振市场元气，恢复社会各层面信心；第二，全面理顺科龙的管理体制，使管理走向专业化、正常化，使企业反应速度、管理作风与海信达到一致；第三，靠海信的信誉全面恢复金融机构、供应商等的正常合作与支持；第四，尽快完成股权过户；第五，在夯实管理的基础上，力争在最短时间内取得好的业绩；第六，整合与海信的相关业务。[1]在各项工作中，重中之重是必须立刻"攘外安内"，重塑内外部信心。

在地方政府的协调下，海信立刻组织了与银行的谈判，将海信重整科龙的计划、希望对方提供的支持进行了开诚布公的交流。实际上，牵涉科龙的银行众多，因债务金额有大小、抵质押品有多少、考核体系有不同，彼此的诉求也并不完全一致，有些愿意做长远考虑，有些则只想尽快收回本息。海信不得不花费大量的精力，分头做工作。特别是对封存了科龙的原材料、产成品的金融机构，为了恢复生产，海信需要以清算部分债权、更换押品等方式将资产拿回来，以重新投入生产和销售。此时，海信在各金融机构信誉优良的优势便体现出来，由于看到股权转让协议已签订，特别是看到海信派驻人员良好的工作面貌和切实可行的重整计划，绝大部分金融机构对海信的工作给予了充分的配合，甚至提前停止了对罚息的收取。

和供应商、经销商的谈判也十分类似。海信的采购部门负责人将科龙100多家规模较大的供应商的信息汇集起来，逐家拜访，并拿出解决方案。由于历史欠账太多，不可能一蹴而就地偿还，海信便以优先保障核心供应商、分步支付、多供多付等原则与对方商谈："一次不能付清货款，分10次行不行？供1元的货，给1.2元，供2元的货，给2.5元行不行？"2005年10月，海信团队主政下的科龙召开了旨在恢复外部信心的供应商大

---

[1] 李明瑜 . 海信盘活病"龙" [J]. 招商周刊 , 2005 (44): 29.

会，详细解释了企业现状和逐步解决问题的方案。在会上，一些从青岛前去参会的金融机构表达了对海信整合科龙的全力支持，这对稳定供应商的预期无疑起到了极为正面的作用。通过一系列的努力，一些原本就与海信合作良好的供应商最先与科龙达成谅解，随后形成了良好的示范效应。

外部的政法环境也在朝着有利于科龙的方向变化。广东、佛山、顺德各级政府对海信重组科龙给予了极大的支持，通过国务院协调最高院发布了一个"三暂缓"的指令，凡是涉及科龙的案件"暂缓受理、暂缓审理、暂缓执行"。这为海信重组科龙争取了宝贵的时间。现任总裁、其时分管人力资源的贾少谦在一次采访中回忆道："如果不是这样，科龙早就被各种债权人起诉瓜分了，更不会有今天的格局。"[1]

依靠海信的信誉和诚意，外部相关方对科龙的信心在逐渐恢复。但要想保持这种信心，就一定要想办法让科龙的生产和销售转起来，以带动稳定的现金回款。只有资金开始流动和增值，才是破局的根本之道。海信在签订代理销售协议之后，为科龙注入了3.01亿元流动资金，希望以此为撬棍，恢复科龙的资金链运转。除此之外，对于科龙此前囤积的海量成品库存，海信派驻人员极为坚决地实施了降价清库，一方面尽量回笼资金，另一方面减少库存的占用，节省仓储费用。对于闲置不用的土地、厂房，也以招投标的形式进行出让或出租，尽量使账面资产转化成流动的现金。当然，在资产清理过程中，也会存

---

[1] 张培发.科龙"归来"[EB/OL]. http://news.ifeng.com/gundong/detail_2013_12/27/32519358_0.shtml.

在一些不同意见，譬如认为库存销售价格过低，或者认为土地还有升值空间，但在当时的情形下，尽快获得现金以实现存续经营是第一重要的工作。通过种种努力，2005年9月，科龙即回款1个多亿，10月回款2个多亿，断裂已久的资金链开始慢慢接续。

在恢复企业运转的同时，以理顺管理体制、降本增效为目标的组织机构调整也开始执行了。10月12日，科龙组织机构调整方案正式出台。在该方案中，科龙总部原17个部门减至12个部门，由原来6个层级减为3个层级，由此精简的人员大部分被分配到分公司。海信先遣队刚到科龙时，科龙总部管理层就有近400人，配有27部小车和12名秘书，调整之后，仅剩下46人、7部小车和2位秘书。[1]同时，新架构将科龙原有的集权体制调整为集分权相结合、分权为主的管理体制，将人事权和财权下放给国内、国际两个营销总公司，加强了营销分公司总经理的权限，在分公司经营上实行总经理负责制。这一大刀阔斧的机构调整，使得科龙总部大大精简，管理费用大幅压缩，同时反应链条缩短，一线营销主体的活力得以增强。此时的科龙，在管理形态上开始向海信靠拢。

就这样，科龙的内外部关系开始缓和，生产销售开始转动，管理体制渐渐理顺，一切正在向好的方向发展。而所有的一切，归根结底，是海信的良好信誉以及派出人员的拼命工作换来的。正如周厚健后来评价的那样："海信团队到了以后的

---

[1] 刘宏君. 科龙走出重症监护室 [J]. 中外管理，2007(5).

两个月，几乎没有在夜里两点前睡过觉。员工投入的精神是成就今天收购的很重要的原因。"[1]

命悬一线

但困难仍然是存在的。此时的科龙只是恢复了生产经营，而没有精力做长远的战略规划；只是现金流开始转动，而离盈利还很远。更重要的是，由于海信的收购动作尚未完成，外部的信心仍然脆弱——特别是当时间一步步地走向2006年3月31日。

收购没有完成的一方面原因在于价格。格林柯尔与海信共同聘请的会计师事务所对科龙进行专项审计后，对科龙净资产的认定大大出乎所有人的预料。后来科龙公告的2005年年报显示，科龙当年亏损37.6亿元，净资产因此变成负值——-10.9亿元。汤业国坦陈道："亏损十一二个亿是正常的，这么大的企业，停产一天，四五百万元就没了。但亏损这么大，我们当时确实没有想到。"[2]

在这种情况下，仍然按9个亿的价码进行转让是不可能的，但如果因为科龙的账面净资产为负而不考虑它的品牌、技术、销售网络等软资产，从而彻底放弃收购，海信又感到很可惜。"第一，我们感觉科龙还是很有希望的；第二，我们决策的底线是，收购的钱要是全砸进去，海信会死吗？结论是不会。这个时候大家还是希望能搏一下。"汤业国说。

[1] 任雪松 . 收购科龙 300 天：周厚健的冒险 [J]. 中国企业家 , 2006(6).
[2] 王凯 . 海信收购科龙惊魂 600 天 [J]. 新财经 , 2007(5): 34–38.

但交易的另一方，身在看守所中的顾雏军，却仍然坚持9个亿的底线不变。他不相信审计的结果，不相信他手中的科龙股权价值会低于9个亿。

2月底，周厚健、汤业国、宋文辉三人亲赴佛山看守所，在"高墙之内"与顾雏军作了一次长达四五个小时的面谈。面谈的结果令人沮丧——顾雏军仍然不肯让步。但是，这次谈话充分交流了双方报价的依据，这是有意义的。此后，海信与顾雏军的谈判价格区间从5亿—9亿进一步缩小至6亿—8亿之间。[1]

除了价格因素之外，一些微妙的干扰始终存在。不止一个亲历者以隐晦的方式阐述道："并非所有人都希望让股权平稳交接，有一些'局部'的力量，希望把科龙破产清算掉。科龙的历史太复杂，关系太复杂，或许破产是一种消灭历史的最好手段。"

进入3月份，局势并没有变得明朗，反而更加扑朔迷离。海信开始向外界释放声音：如果至3月底仍不能确定海信在科龙的股权，公司有可能考虑退出这桩收购。而另一边也并没有屈服。很快就有传言称"顾雏军授权科龙代理董事长刘从梦召开排除海信高管的董事会会议，决定将顾雏军所持科龙股份进行公开拍卖"。3月15日，科龙发布澄清公告，驳斥上述传言，但同时陈述道："本公司于2005年9月16日及2005年9月26日与青岛海信营销有限公司签署了《销售代理协议》及《补充协

---

[1] 任雪松.收购科龙300天：周厚健的冒险 [J]. 中国企业家，2006-6.

议》，该协议将于2006年3月31日到期。"

图穷匕见。

后来，周厚健否认了"海信宣称退出并购是一种博弈"这种说法，他对媒体表示："外界把海信的智力想得太高了，海信是比较实在的。科龙对海信来说是一顿饭，不是一条命。海信一开始就有成或不成的想法，我们一直在创造进入的条件，但不成的话也不出乎我们的意料。不成就不成，不成就撤，打包就走。"[1]

3月22日，海信驻守科龙的"先遣队"得到周厚健从青岛发来的指示："做好准备，随时撤出。"

绝处逢生

其中一位亲历者回忆当时的场景时称："把我们叫到一起开会，提到可能要撤，我们听了非常吃惊，毕竟大家夜以继日地工作了那么久。开完会一起去宿舍吃饺子，有点告别的意思，结果吃着吃着就有人开始哭，男的、女的都有"稍过一会儿，他又补充道："实际上哭了不止一次，有好几次。"

这是一种真实的情感流露。在以"每晚加班至凌晨2点"的高强度奋战6个月之后，对他们而言，海信与科龙之间已经没有了界限。他们面对的不是冷冰冰的公司实体，而是辛勤耕耘的成果、亲手抚育的婴童——海信如是，科龙亦如是。但"撤

---

[1] 任雪松. 收购科龙300天：周厚健的冒险 [J]. 中国企业家，2006(6).

回"的命令打破了幻象，让他们回到了现实。科龙并不是他们的家——至少在目前，还不是。

但无论如何，他们还得承担起职业经理人的角色。在"随时准备撤出"的几天里，海信派驻人员整理了重要的文件和单据，并把它们放在随身背包里，"把那些包当作自己的性命看待"。凡是由海信出资购买的货品还堆在科龙租借的仓库里的，立刻与仓库方交涉，要将货品撤出或变更承租协议。做好一切准备工作，"先遣队"就写好辞职报告，订好机票，准备返程。

风萧萧兮易水寒，壮士一去兮不复还。

然而，局势在最为悲观的时刻突然转折。

海信在6个月内卓有成效的工作，让包括广东省各级政府、全国工商联、证监会等在内的各方对海信抱有良好的印象，而这种印象最终转为了实际的支持，让胜利的天平最终向海信倾斜。3月28日，国务院针对科龙并购案召开专题会议，与会各方一致同意科龙股权转让不以股权拍卖的方式进行，仍继续按海信空调与格林柯尔签订的股权转让协议向前推进。同时，地方政府的斡旋起到了重要作用。无论事实是否如外界所言，"另有2.2亿元将由顺德区政府担保借款给股权转让方格林柯尔，格林柯尔以自己的资产做未来偿还资金来源"，但总而言之，狱中的顾雏军在3月31日《销售代理协议》到期前，同意了海信6.8亿元的出价。

云开雾散，月朗星稀。

前往顺德督导谈判的于淑珉得知顾雏军松口之后，兴奋异常，立刻给周厚健打电话说明情况，后者在电话中如释重负：
"这件事终于做完了。"[1]还没有上交辞职报告的汤业国等人
随即开了一个碰头会，宣布各项工作继续推进。于是，"准备
撤出"成了一个尚未执行就作废的空头命令，众人愉快地撕了
辞职报告，退掉机票，继续回到各自的工作岗位上。

至此，海信收购科龙渡过了最为惊险的一段行程。正所谓
"自助者天助之"，海信人卓有成效的努力，使外部环境形成
了正向的合力，并将这桩行将坠崖的并购案挽救于临界点上。

此后，局势向有利于海信的一面加速前进。4月1日，海信
与科龙电器签署了《销售代理协议》的补充协议，使海信的代
理销售行为得以合法延续。4月24日，科龙电器正式发布公告，
宣布海信方面将以6.8亿元的最终收购价，完成对格林柯尔所持
全部科龙股份的收购。此前，羁押在佛山看守所的顾雏军已代
表格林柯尔在该股权转让补充协议上签字。6月，科龙董事会换
届，汤业国、于淑珉、苏玉涛、肖建林、张明等海信系高管进
入董事会，形成了对科龙的合法掌控。至此，由海信主导的科
龙新时代在事实上已经开始了。

尘埃落定

就在所有人都大松了一口气，以为股权过户马上就要顺利
完成的时候，命运之神对海信的考验还没有终止。这次的考验

---

[1] 任雪松 . 收购科龙 300 天：周厚健的冒险 [J]. 中国企业家 , 2006(6).

来自与本收购案无关的资本市场环境。

2006年，资本市场正面临着一个重大的主题：股权分置改革。中国的资本市场在发展早期，为了规避潜在的"国有资产流失"问题，要求国有股暂不上市流通，在事实上形成了所谓"股权分置"的特殊安排，即同时存在"非流通股"和"流通股"两种股权。在资本市场形成过程中，股权分置对于减少阻力起到了重要的作用，但其弊端也慢慢显现出来。首先，非流通股和流通股在取得成本和交易方式上的明显不同，造成了事实上的同股不同权，在大小股东之间形成利益冲突。由于对股价高低不敏感，大股东有强烈的倾向实施独裁和内部人控制，直接从上市公司攫取利益。其次，非流通股的存在导致上市公司的控制权僵化。在成熟的证券市场，如果上市公司因大股东控制权运用不当而出现经营下滑，股价下跌之后，一些策略投资者可以通过大量收购流通股取得上市公司的控制权，并通过调整其管理层和经营策略，提升其业绩。而在股权分置的安排下，非流通股不能自由流通，只能以协议转让并经证监部门批准的方式进行买卖，这显然限制了上市公司控制权的转移，企业也就难以通过市场优胜劣汰的安排来恢复活力，长此以往，当然也使得资本市场难以发挥其优化资源配置的功能。

面对股权分置问题的缺陷，中国资本市场在缓慢而坚定地推进改革。2005年9月4日，中国证监会颁布了《上市公司股权分置改革管理办法》。这一法律文件的出台，意味着股权分置改革开始转入全面铺开阶段。2006年年初，国务院将"基本完成上市公司股权分置改革"纳入2006年工作要点。

海信的股权过户，就是在这一背景下发生的。汤业国回忆道："按照证监会当时的一个规定，涉及股权转让的，必须先完成股权分置改革，然后才能过户。"通常来说，股权分置改革的具体方案，是由非流通股股东向流通股股东支付一定的对价，以此获得流通权。对于海信而言，问题就变得非常棘手：科龙在法理上的控股股东还是格林柯尔，但其所持的非流通股都已被轮候冻结，其实际控制人的民事行为能力也已经受到限制，由格林柯尔来主导科龙的股改显然是不现实的；但是如果由海信来主导股改，就更说不通了。"海信已经按协议支付了股权转让款，但股权还没过户，所以还不是股东。股改是股东的义务，海信怎么能代替股东来支付对价？但是按照规定，你不完成股改，就是不能过户。"于是，股改和过户成了"先有蛋还是先有鸡"式的悖论。汤业国为此反复跑监管机构，做了很多工作，才在政策的铜墙铁壁面前劈开一条路径。

另一个考验也与此有关。由于股权分置带来的大股东侵占上市公司资金问题，也成了资本市场的改革重点。2005年12月，国务院印发了《国务院批转证监会关于提高上市公司质量意见的通知》，要求大股东占用资金"务必在2006年年底前偿还完毕"。对此，汤业国坦率表示："即使股权过户完成，海信也没有能力清欠。而且，海信凭什么替他人清欠？"[1]

事实上，收购科龙过程中的问题还远不止于此，用汤业国的话说，这场收购案中存在的问题"特别怪异，特别复杂，难

---

[1] 王凯.海信收购科龙惊魂600天 [J]. 新财经，2007 (5): 34–38.

以想象"。由于这一系列问题的存在,海信的股权过户始终只能艰难地向前挪动。周厚健后来曾在受访时坦言:"(收购科龙的)预期底线是2005年年底,最迟不超过2006年3月……如果知道会拖这么久,我可能不会同意这起购并。"[1]经历过那么多的煎熬等待,这种"心生悔意"也是可以理解的,但是,海信既然已经迈出了一只脚,自然不可能再收回去,所能做的,只有努力克服一切困难,坚持到底。

在多方的努力之下,所有问题终于被逐一攻克。2006年12月13日,海信终于完成了收购科龙26.43%股权的过户手续,取代顺德格林柯尔,成为科龙的控股股东。12月15日,科龙电器发布公告,正式公布了上述事项。

随着这一纸公告的发布,2005—2006年间中国家电业内最为震撼的黑白电并购大案尘埃落定。从2005年5月科龙被证监会正式立案调查开始,到2006年12月股权转让正式完成为止,科龙在前途未卜的情况下震荡了19个月近600天,数度接近破产清算的边缘。这家曾被视为改革开放代表作之一的知名企业,以及它所拥有的曾经驰名海内的著名品牌,几乎就要被掩埋在历史的尘埃之中。最后,在大众的关切中,一群异乡人将它从悬崖边拉了回来。

不过,尽管活了下来,科龙公司和容声品牌还能重拾昔日的荣耀吗?现在,记述历史的墨笔,要交到一群新人的手里了。

---

[1] 北京商报. 周厚健首次讲述收购科龙隐情 [EB/OL]. http://finance.sina.com.cn/roll/20070108/01511139973.shtml.

第十一章　跟跑启航

　　（企业并购的）第二个陷阱是过分关注经营战略上的匹配，而忽略了企业文化的融合。实际上，相对并购成功的其他因素而言，企业文化即使说不上更为重要，至少也是同等重要的。

——杰克·韦尔奇（美国通用电气传奇总裁）

融合破冰

　　尽管到2006年12月才算完成入主科龙的正式手续，但实际上，海信与科龙的缓慢融合自海信团队入驻科龙的时候就已经开始了。

　　在企业并购领域，有一个著名的"七七定律"，即认为在跨国并购中，70%的并购没有实现预期的商业价值，而其中又有70%失败于并购后的文化整合。海信对科龙的并购，尽管并没有跨国，但这两家企业地域相距甚远，体制完全不同，主业也有细微区分，这些因素都让这起并购从一开始就面临着文化融合的难题。

贾少谦回忆道："海信收购科龙的时候，科龙员工心理上的接受度是非常弱的，甚至比今天被海信收购的日本的、欧洲的老牌企业的员工受到的心理冲击更大。为什么呢？第一，科龙的历史太辉煌了，改革样本，举国皆知，而且前任总裁给外界和员工描绘的蓝图又很大，给人们的感觉是，科龙在中国不是第一就是第二；第二，海信自身太低调了，又是北方企业，所以虽然2006年的时候海信总规模四五倍于科龙，但在南方人的普遍认知上，科龙是大企业，海信是小企业。"认为海信以小博大的不仅有员工，还有媒体，而媒体的刻意渲染更加重了科龙内部的抗拒情绪。时任海信集团品牌总监的朱书琴，直到今天犹有不平之意："当时不少媒体的标题就是海信'蛇吞象'如何如何，我们就很奇怪，规模放在那里，怎么谈得上'蛇吞象'呢？"另一名海信的中层干部用更直白的语言解释："说得官方一点是文化融合问题，其实本质上就是不服气的问题。"

隔阂在一开始就表现得十分明显。2005年10月，海信系人员主政下的科龙召开了供应商、经销商大会，向合作方表明态度，安抚各方情绪。由于事先做了很多沟通工作，也取得了一些金融机构的支持，会议的召开非常平静。"但是内部很不平静。"朱书琴回忆说，"当时我们每发一个内部通知，下一秒就会在百度贴吧出现，然后被做各种各样的解读。给我们的感觉是，内部的不信任感要大于外部。"对于这种不信任的由来，她认为除了因为科龙近年来震荡太多导致人心思危之外，主要就是怀疑"北方来的国企能不能干好科龙"。

先入为主的成见一旦形成，加上部分媒体为了"吸睛"而搅动舆论，疑邻盗斧的戏码屡屡上演也就不足为奇了。譬如在2005年10月进行的组织机构调整，本意是为了理顺管理机制，降低管理成本，是海信拯救科龙组合拳中的一个标准动作，但一些媒体却怀疑海信在搞大清洗，用类似于"科龙干部走光"之类的极端标题进行报道。汤业国当时极为生气："科龙七百个干部，就点了五个，更何况其中三个是海信进来之前走的，另外两个一直都在公司工作，并且担当着总经理和副总经理的职务。"[1]该事件最终以海信激烈抗议，媒体道歉并开除责任者了结。另外，当海信为盘活科龙的现金流，而对科龙闲置的土地、房产等低效资产进行集中清理时，又掀起了轩然大波，内外部纷纷质疑海信有"掏空科龙"的嫌疑。但实际上，这只不过是"降低资金占用、加快资金周转"的海信经验的复制而已。更何况，以当时科龙的现金流状况，收缩资产负债表是很正常的举动，只要不抛售经营性资产，对企业的硬实力丝毫无损。贾少谦在多年以后指出："（掏空科龙）这是外界的一个误读，回过头来看，这是盘活科龙的一个重要环节。"[2]

应当说，在进入科龙之前，周厚健等海信高层对于两家企业潜在的文化冲撞有着清醒的认识。早在9月上旬海信收购

---

[1] 王凯. 海信收购科龙惊魂 600 天 [J]. 新财经, 2007 (5): 34-38.
[2] 张培发. 科龙"归来" [EB/OL]. http://news.ifeng.com/gundong/detail_2013_12/27/32519358_0.shtml.

科龙的消息见诸报端时，海信总部就已第一时间通知各地分公司，下达了不允许就收购科龙事件接受媒体采访的禁令，以免引发不必要的争议。在历次派出人员时，海信高层均在内部强调不能以并购者自居，不能在称呼中制造分隔（比如"我们海信""你们科龙"这样的称呼是被严令禁止的）。在一些情况下，甚至刻意向科龙倾斜，以体现海信文化的公平和包容。一名海信的干部举例说，收购科龙之后，在海信集团一年一度的运动会中，当时的裁判组有一个不成文的规定，如果来自海信和来自科龙的员工并列第一，就取科龙员工为第一，海信员工为第二。

所有与融合有关的问题中，最受人瞩目的应该是海信对科龙旗下容声和科龙品牌的处置问题。这是一个极具象征意义的命题，它的答案将翻出收购者海信的底牌：到底是完全地接纳和继承科龙，还是仅仅想利用它的研发制造基地和销售网络？在经销商大会上，一名与容声品牌合作已久的经销商，急切地问出了这个在所有相关者心中盘旋已久的问题。

海信对这个问题早已成竹在胸。在进入科龙不久，他们就组织了一次调研，调查在普通消费者心目中，科龙公司的运营危机对容声和科龙品牌的损伤到底有多大。结果是令人欣慰的：在受访人群中，70%以上的人根本不知道科龙公司的运营出了问题，而剩下的30%当中，大部分人认为这件事并不会对他们心目中的品牌形象造成伤害。这次调研显然为海信实施多品牌运营策略夯实了信心。于是，在那次经销商大会上，海信的回答令外界大大地松了一口气："海信收购科龙，看中的就是容声、科龙的品牌价值，不但不会把这两个品牌抛弃掉，而且要擦亮容声，重塑科龙。"

文化改造

不过，这场事实上由海信主导的大融合也并非一团和气，对科龙实施"海信式改造"是在所难免的。一些内外部的声音于是认为海信对科龙存在一定程度的"文化侵略"，由此而引发的局部反弹也延续了不短的时间。一名科龙老员工的话或许最能形容科龙人当时的普遍心态："科龙这些年的确出现了一些问题，我们（自己人）可以骂科龙，但海信不能说科龙不好！"对于企业合并应该在多大程度上保留被收购者的行为模式，这当然是个见仁见智的问题，不同立场的人应当会抱持不同的观念，但通用传奇总裁杰克·韦尔奇在著作《赢》当中曾有过这样的论断："尽管有些尝试者的确抱有高尚的意图，但大多数'平等合并'都会由于虚假的前提而自我毁灭。是的，平等合并在观念上是有意义的……但是，平等合并的概念在实践中却会出现问题——人们会停滞下来。实际上，人们停滞的原因正是因为'平等'这个概念本身。因为双方都会认为，如果我们是平等的，那为什么不按照自己的方式来做事情，你的方法肯定不如我的好。最终的结果是，大家的办法都不能得到施行。"[1]

---

[1]　[美]杰克·韦尔奇,苏茜·韦尔奇.赢[M].北京:中信出版社,2017年版.

海信对科龙的文化改造，最为显著地体现在两个方面。一个方面是严明纪律。顾氏科龙虽然收紧了财务审批权，但在其他制度流程上基本沿用了老科龙的体系，主要以任务目标为导向，纪律约束相对宽松。这种管理风格当然也符合南方企业与员工普遍的价值取向，强调权责对等，边界清晰。其优点是利于激发个体的主观能动性，当企业处于向上状态时，容易让企业与员工之间达成相互加强的良性循环；而缺点则是弱化了企业的整体性，使之变成一个松散的联合体，当企业遭遇困难时，很难激起员工同仇敌忾、毁家纾难的决心，反而容易出现"大难临头各自飞"的局面。贾少谦对此感慨颇深，他回忆道："我刚去的时候管人力资源，印象最深的一点是员工离职的自由化。在山东，一个员工可能会离职，但他想离开之前一定会告知你理由，哪怕实在不好意思来见你，至少发个短信说明一下情况。但我去了顺德以后，马上就遇到了一件冲击观念的事情，一位骨干型的员工，头一天还在岗，第二天找不见人了，打电话问在哪呢？回答是：我离职了。"类似这样的事情发生了不止一次，贾少谦后来把这种习惯称之为"打工文化"："海信的文化是企业和员工同甘共苦，企业好了员工自然好，如果企业不好，那么员工也要勒紧裤腰带拼命干，把企业救起来；打工文化是企业好不好跟我没关系，企业好了我拿我该拿的，企业不好了，我上隔壁好的那家去。"为了克制自由散漫的"打工文化"，海信在进入科龙之后，建立了一系列的规章制度，强化了工作中的纪律约束，以将科龙逐步改造为规范化、高效率、整体意识强的海信系企业。

值得一提的是，海信在纪律方面的管制是"先己后人"式的。海信先遣队在进驻科龙时，注意到科龙员工在办公出勤上存在一定的随意性。海信人在颁布新的出勤纪律后，自己率先做出"超纲"的示范：工作时间比纪律规定的时间更长，在法定休假日也屡屡加班。工作纪律的严格管束让很多科龙人感到极为不适，但海信团队的忘我工作又让他们感到无可指摘，并在潜意识中开始相信这个团队是值得信赖的。另外一个例证是，海信完成收购之后，将白电营销总部搬到顺德，与科龙营销总部合并，随后发现各营销分公司有一个看起来无伤大雅的习惯，就是逢年过节向营销总部寄送土特产。这在原本的语境中，是一种联络感情的方式，但海信认为工作之外的礼品馈赠会对总部的公平性造成干扰，于是明令禁止，而处罚方式则并不针对分公司，而是针对营销总公司。当时，营销总公司部门副职以上的干部全体受罚，包括所有被"无辜牵连"的海信干部。

另一个方面是在经营全流程中强化"财务导向、经营放权"的概念。科龙原本是一家典型的规模导向的企业，以做大产量和销售额为主要目标，对成本、利润关注不够，在家电行业日益步入微利时代之后，其经营模式已经逐渐暴露出弊端。格林柯尔的进入在一定程度上改善了所有者缺位的现象，企业的利润意识有所加强。但由于顾雏军的高管团队在大集团精细管理的能力上有所欠缺，其获得利润的途径主要是对上游供应端进行价格挤压。这一手段固然很快革除了老科龙时代采购环节的积弊，但随即也因绝对的低价策略而影响了原材料供应的质量。一名老科龙干部说，当时一些成规模、有实力的配件厂商，一遇到科龙招标，其报价往往是在科龙报价上直接翻倍，这显然是一种无声的抗议。于是，绝对的低成本战略导致一些优质供应商逐渐减少了对科龙的供货，而一些质次价廉的供应商则乘机进入了科龙的产业链，这显然给科龙公司的产品质量带来了很大的负面影响。另外，顾雏军时代的财务高度集权风格，尽管在一定程度上堵住了跑冒滴漏的口子，但也带来了几个问题，一是工作效率下降，二是分权不够导致中层的工作积极性下降。积极性丧失使得官僚作风蔓延，每个人只对流程负责，不对结果负责。

海信则完全不同。进入科龙之后，海信即提出"健康比速度更重要，利润比规模更重要"的理念，以此重塑科龙。实际上，海信的财务导向由来已久。1992年，在周厚健成为青岛电视机厂（海信前身）厂长的当年，他就提出了"成本倒算"原则，几年后，他又循着"成本倒算"的轨道提出"稳健财务"的理念，由此诞生了海信的财务管理主旨。一份材料显示，在90年代中期，海信的物耗费用与产业价值之比为70.8%，接近发达国家的67%，远低于国内行业82.9%的平均水平。[1]一名老科龙的员工回忆道，在顾雏军时代，年初的经营计划和预算更像是拍脑袋产生的，而且约束比较软性；但海信进入之后，针对具体细节做了很多的纵向沟通，确保落在纸面上的数字更加合乎实际，而且每个月都会进行回顾和预测，一旦实际数字偏离计划较远，就必须立刻查明原因，进行整改，否则会实施行

[1]　迟宇宙.海信史：十年再造的关键时刻[M].海口：海南出版社，2003年版.

政处罚。另一名员工指出，每个月的滚动监测中，应收款、产成品、原材料的周转率是关注的重点，而这些数据在老科龙时代并不被重视。

相比于顾氏科龙，海信的财务导向是贯穿于经营全流程的，但却不必将财务大权尽数收到某一个人手中。在2005年10月的组织机构调整中，原本必须由总裁"一支笔"确定的人事权和财权被部分下放给营销总公司，而营销总公司的人员配置和权力也进行了大幅精简，使得各营销分公司在一定的授权范围内得到了政策审批权、费用分配权、人员调配权。当然，在获得权力的同时，各营销分公司也将全面承担起辖内的经营任务，挑战随之而来。

忧喜交加

不可否认的是，海信对科龙的文化改造并非药到病除的灵丹。实际上，由于两家企业文化之间的巨大鸿沟，在最初，科龙表现出了很强的不适应性。

"科龙的高层在海信进入之后基本稳定了，但中层以下的离职潮则绵延了很长一段时间。"贾少谦回忆道，"原因和海信的精细化管理风格有关。原来科龙的员工，特别是科龙的中层干部，干活是很舒服的。海信去了以后，制定了很多制度，所有的制度都是约束人的，这会让很多人感到不习惯。当然，如果海信过去以后，马上给大家涨3倍工资，那大家可能都不会走。但那怎么可能呢？当时企业都快要活不下去了。"当然，绝大多数科龙员工仍然选择了留守，有一些甚至因为海信的规范管理而看到了希望。但无论如何，人员的不断动荡对企业的持续经营显然是十分不利的。

经营思路的调整也带来了一段时间的磨合期。营销系统调整、权力下放之后，不少分公司总经理开始陆续反映问题："以前的角色准确地说是个大的业务经理，去搞具体的谈判、销售还可以，全面对整个分公司负责，压力很大。"尤其是在新的考核内容中，加强了对渠道和网络开发的管理内容。他们面对新的权力和责任有点力不从心，从总部分流到各分公司的人也感到了巨大的压力，其中有6个总部的部长被分流到分公司任总经理。对他们而言，一下子从管理的后方被派往激战的前线，各方面实战的问题接踵而来。[1]

最要命的是，由于股权过户迟迟不能解决，整个2006年，科龙的状态始终十分微妙：它在事实上确实置于海信的管理之下，但海信却不是法理上的控股股东，任何一个意外都有可能打破当前脆弱的平衡。如果海信退出，意味着现有的一切改变都有可能一朝作废，这让所有人都不免产生一种观望的情绪。

在这种情形之下，科龙的业绩仍然在低谷徘徊。2006年前三季度，科龙的主业继续亏损，依靠连续出售多幅土地才将亏损一举冲减到1100多万元。11月，科龙总裁、营销副总裁走马换将，苏玉涛、石永昌被召回海信总部，王士磊、杨云铎组成新班子进入科龙。周厚健后来解释："我对他们（派驻科龙的

---

[1]　刘宏君. 科龙走出重症监护室 [J]. 中外管理，2007(5).

前任高管）的业绩非常不满意。但不是他们的工作出了问题，在股权过户之前，他们就像科龙的外来户，能够坚持下来就很不容易了。"[1]

在股权过户推进难、业绩不彰的忧患局面中，仍然有些喜人的亮色透出。发出光芒的便是科龙公司的当家品牌——容声冰箱。

尽管海信对科龙公司的文化改造尚需磨合时间，但从某种意义上说，海信与容声的品牌调性却是高度契合的。譬如说，容声一直以"质量保证"蜚声于市场，而海信有着相同的质量基因，从李德珍[2]到周厚健，海信始终将质量当作企业的生命，并凭借优异的质量水平四获国优、五获国际金奖，在1999年成为中国驰名商标。又比如，从潘宁到顾雏军，容声在技术投入上一直高举高打，在节能、环保、保鲜等方面保持着业内领先的技术水平，而在技术更迭速度极快的黑电领域浸淫已久的海信，亦是将"技术立企"作为企业毫不动摇的发展战略。品牌调性的契合，使得品牌操作的基本思路得以无缝衔接。

更重要的是，海信最大限度地保留了容声的营销团队和销售渠道，没有以大股东的身份派出干部而对容声横加干涉、指手画脚。当时，冰箱营销本部的人员均为老科龙的员工，主持工作的是科龙资历颇深的一名营销干将许蔚茹，而海信没有从青岛派出一个人进入这个部门。在销售渠道方面，容声品牌以

[1] 北京商报. 周厚健首次讲述收购科龙隐情 [EB/OL]. http://finance.sina.com. cn/roll/20070108/01511139973.shtml.
[2] 李德珍女士于 1985 年至 1992 年任青岛电视机厂厂长。

经销商渠道为主，而海信品牌以直销为主，两者差异很大，而海信也尊重了这种差异，允许容声营销团队仍然按照原有的方法操作，未将两者的渠道强行归并。

对于容声品牌而言，科龙公司经营危机造成的最大影响就是资金链断裂之后，从生产到销售的整个通路无法运转，但品牌影响力仍然具备，销售网络也没有受到致命的破坏。于是，当海信强力介入，将科龙公司重新启动之后，容声便开始实现恢复性增长。2005年第四季度，科龙公司的冰箱产品（其中主要贡献来自于容声）销量、回款分别比2004年同期增长41.21%和19.11%，比处于旺季的第三季度分别增长80%和119%，产量增长117%。[1]

不过，由于几乎丧失了2005年的整个旺季，容声在2005年全年的市场占有率还是急剧下滑至约6%，被其他主要品牌远远甩开。2006年，随着海信完成收购的态势渐趋明朗，容声再度发力，不但在当年获选为消费者最信赖"十大质量品牌"及"中国质量500强"，而且全年实现销量较2005年飙升49.82%[2]，在市场占有率上重回国产冰箱"四大家族"之列。同时，它也成为科龙公司的利润源泉，贡献了相当于科龙公司60%以上的主营业务利润。海信"擦亮容声"的行动，开了一个漂亮的好头。

---

[1] 何斌 . 聚焦海信抢救科龙百天 涉及多方利益谁也输不起 [EB/OL]. http://stock.hexun.com/2006-02-06/100514259.html.

[2] 刘文 . 容声"原生态"冰箱销量飙升 [N]. 中国质量报，2007-06-21.

大整并

2006年12月初，当股权过户即将尘埃落定之时，一场营销系统的大整并以迅雷不及掩耳之势到来了。

在此之前，海信历史上有两次大规模的营销系统组织调整。2003年7月，海信进行了第一次营销系统大整合，将原本从属于各专业公司的营销团队全部分离出来，合并成立了专门的青岛海信营销有限公司，全面负责海信品牌所有门类产品的营销工作。2006年2月，作为收购科龙全盘计划中的一个动作，海信对营销系统实施了黑白电分离。这两次大整合的共同特点是，事先在高层经过了详细的讨论和安排，但不向执行层透露半点风声，而一旦付诸实施，则风驰电掣，争分夺秒。两次整合中，财务上收、人员调整、新架构落定，都在短短两三天内完成，除了少数因了解同业竞争规定而对第二次整合有所预料的人之外，绝大多数员工都是在尚未完全反应过来的情况下，进入了新的岗位。

如今，随着股权过户的形势日趋明朗，海信白电与科龙的营销整合也已箭在弦上。12月1日早晨9时，海信与科龙两个系统召开全国视频会，宣布进行营销系统大整合，要求立刻将所有分公司的公章上收，并开始部署各地分公司的合并；同时宣布海信白电的营销总部将由青岛搬迁至顺德，与科龙营销总公司"合署办公"[1]，并要求所有海信营销总部人员在半天之内完成谈话。

当时的情况是，由于整合之后，海信白电在青岛的营销总部职能将完全撤销，因此，大部分人必须接受前去顺德的安排。对于安土重迁的山东人来说，到远离家乡万里之外的广东去工作，几乎是一个冲击人生轨迹的巨大改变。然而，在海信长期工作所锤炼出来的高度的纪律性，又让他们习惯于从公司整体的角度去思考问题，难以拒绝对他们个人的任何调动。一名当时担任主管职务的干部回忆说，在任命谈话之前，员工们相互交流，都不愿意接受去顺德的安排，他也想好了不接受安排的几个理由。结果到被叫去谈话时，刚一开门，领导看了他一眼，说："某某，你肯定去，没问题？"他张口就回答道："领导，我没问题。"想好的一二三四五点拒绝理由，一个字都没有说出口。

就这样，几乎所有的人都接受了公司的整体安排，包括一些刚刚新婚不久甚至是怀孕不久的女同事。一个当时看来十分酸楚、日后却被当作笑谈的事例是，有一对都在营销总部工作的夫妻，妻子在谈话前"警告"丈夫说："你要是敢接受调到广东，我就和你离婚。"结果丈夫并没有被调动，妻子却被要求随大部队前去顺德。这位可怜的女士在得知这一安排后，在走廊里崩溃大哭。即便如此，她仍然接受了这一安排。两三天以后，几辆送机的大巴开到了海信总部门口，那些被要求调动

---

[1] 采用"合署办公"口径的原因是此时股权过户尚未正式完成，后来随着海信正式入主科龙，营销总公司也在形式上完成了统一。

的人们与前来送行的家人抱头痛哭，然后在无数依恋的目光中踏上了遥远的征程。后来的事实是，这群背井离乡的北方人在广东工作了四年之久，才再次以胜利者的身份回到青岛。

当这群山东人像潮水一样涌向顺德，曾经让人忧虑的文化差异问题就明显地表现出来了。最直观的差异在于衣着。当时海信对员工的上班着装有着严格的规定，一年中除了酷暑的两个月允许不着正装之外，其余时间必须穿西装、打领带，而他们也将这个习惯带到了广东。然而，科龙对于员工的着装并没有特别的规定，只要不是奇装异服，公司通常并不干涉。于是，海信团队在顺德上班的第一天，一个奇异的景象就发生了。"广东的气候温暖湿润，在正常情况下，12月份也是气温适中的。在那一天，海信所有人都是穿着西装、衬衣，打着领带，穿着皮鞋去上班；科龙的员工呢，都是穿着T恤、牛仔裤、旅游鞋去上班。所以，一眼看去就把两个企业区隔得非常清楚，这帮人是海信的，那帮人是科龙的。"一位海信派出干部回忆道。

格格不入的感觉在其他细节里也常常冒出来。另一名干部说，食堂用餐时，两边的人有着相对固定的区域，这几桌是海信的，那几桌是科龙的，泾渭分明。工作习惯也不一样，科龙员工习惯准点上下班，而海信员工则把加班当成常态，他们时常以不可思议的目光互相打量对方，然后摇着头擦肩而过。

不过，在绝大多数员工尤其是中层以下的员工之间，所谓的"文化隔阂"并没有那么难以打破。度过最开始的相互试探之后，他们彼此开始热络起来，同一个部门内的科龙员工时常带着海信员工去吃地道的顺德名小吃，而后者则拍胸脯承诺给前者的青岛之行做导游。于是，在潜移默化之间，企业文化的界限开始慢慢消融。"其实也未必存在谁改造谁的问题。"一名出身海信的干部总结道，"也许一开始确实是抱着文化改造的念头去的，但实际上是两者在慢慢靠近。我们后来就不像原来那么死板，着装也开始宽松了，到点没事也就下班了；老科龙系统的人呢，也开始讲奉献精神了。所以最后也不是彻底的海信文化，也不是科龙文化，就是一种中间文化，海信科龙的文化。"

2006年12月，随着营销系统整合完成、股权过户完毕，科龙的时代又翻开了新的一页，全新的海信科龙开始浮出水面——尽管它的正式更名还要到六个月之后才会完成。

波折重重

正当所有人都以为，随着股权过户完成，全新的海信科龙即将快速启动，迅速实现恢复性增长时，海信科龙却在迈出第一步时就狠狠地摔了一跤。

"2007年头几个月业绩一塌糊涂。"冯涛在当时担任营销总公司直营部副总，他回忆道，"不是几个点的下滑，是十几个、二十几个点的下滑。"三大品牌四大品类中，容声冰箱、海信冰箱、海信空调、科龙空调等都在不同程度上遭遇了"滑铁卢"。

造成短期业绩塌陷的主要原因有两个。首先是，在营销大整合完成后，新搭建的架构不利于业务的开展。在没有整合之前，海信和科龙的营销总部各自都分为冰箱、空调两条线，在整合之后，或许是考虑到海信白电、科龙公司各自擅长的销售网络有所不同（前者擅长直营，后者则主要依靠经销商渠道），于是将整个架构调整为一个直营部（管理四大品类的直营销售网络）和冰箱、空调两个渠道部（各自管理两大品类的经销商网络），希望以此来发挥海信、科龙各自的优势。

　　然而，新架构的运营结果却事与愿违。按照渠道而非品牌的方式进行划分，首先存在的问题是责任边界不清晰，一旦某品牌产品销量不达目标，难以将责任具体落实到某个部门，容易形成推诿扯皮。其次是，每个部门需要经营多个品牌，但主管领导往往是单品牌出身，对其他品牌的熟悉度比较低，反而降低了决策水平。最后，既然每个部门需要负责一个以上的产品，在考核机制未设计到位的情况下，在终端容易出现精力和资源向优势品牌集中的现象，这也是造成容声冰箱销量增长而海信冰箱销量滑坡的主要原因。于是，在拧巴地运行了三个月之后，领导层不得不重新将部门重新拆分，按照品类来分别进行管理。

　　造成业绩下滑的另一个原因则更加难以在短时间内迅速改善，这个原因就是两个系统的分支机构整合带来的磨合问题。由于海信与科龙都是全国品牌，基本上在全国各省级行政区都设有分公司，因此，分支机构整合的具体表现形式，往往是同一属地的分公司就地合并。尽管也通过划小区域增加了一些分公司，但大合并导致的结果是，分公司的数量大大减少，相应的，同级别的领导岗位也减少了。在这种情况下，"谁领导谁"就成了一个非常敏感的问题。一般的原则是，在当地占有更大市场份额的品牌老总就任新的分公司老总，另一位老总打副手或者调任至稍小的区域担任总经理。但无论如何，在人事调动上并不存在什么万全之策，局部地区的矛盾和纷争仍然是不可避免的。然而，即使在主导权顺利落定之后，由于分公司的内部架构也要重新调整，因此仍然存在着分公司老总和对方品牌员工之间的磨合问题。在具体工作中，分公司总经理实施的一些部门调整、人事任命等细则——哪怕是完全出于公心——常常遭遇另一品牌方员工的质疑，认为其存在偏袒行为。更何况，在一些区域确实存在强势品牌刻意压制弱势品牌的倾向。于是，在2007年，即分公司整合的第一年，尽管海信科龙总部对于公平原则和整合纪律三令五申，甚至提出了类似"亲远疏近"这样的"极端"口号，但区域性的集体举报乃至罢工现象时有发生。总部只能不断通过人员调整等方式，来引导和加速分公司的磨合进程，而在磨合过程中，整体业绩也就不可避免地受到了影响。

相比影响业绩的这两个短期因素，另一个重要因素——顾雏军事件的余波，仍然在一定程度上困扰着海信科龙，并在更长的时间尺度上对海信科龙的发展施加着影响。一方面，顾雏军事件牵出了一连串复杂的债务诉讼案件，新生的海信科龙必须腾出手来予以妥善解决，而事实上，他们几乎花费了十年的工夫来彻底解决所有的遗留问题；另一方面，科龙的连续震荡已经掏空了它的家底，当海信科龙重新启动时，刨除负债的净资产已经是负值，这使得它只能将所有的精力都放在业务的恢复上，而没有余力进行长远的规划和技术预研。以冰箱为例，当时的市场趋势是，以对开门、多门冰箱为代表的大容量中高端冰箱的增速明显加快，容声的主要竞争对手们已经加快了在中高端领域的布局，但容声受公司经营状况的影响，暂时无力向高端领域拓展，主力产品还是双门的"节能明星冰箱"和几款小容量冰箱，产品线比较短，这对容声持续扩大市场份额显然造成了不利的影响。

不过，在海信集团的支持下，海信科龙已经开始着力重建企业的核心竞争力。一方面，将海信白电资产注入海信科龙的重大资产重组正在紧锣密鼓地推进中。一旦重大资产重组完成，海信科龙的资本实力将得到极大的增强，也将有更大的底气参加市场竞争。另一方面，海信科龙开始本着突出重点、消除亏损面的原则，对遍布全国的生产基地进行重新调整。2007年，海信科龙陆续对开封科龙、杭州科龙等子公司进行了转让或清理，同时亦在一些战略要点增加投入，譬如对科龙成都基地进行了搬迁与扩建，对科龙扬州基地实现了复产，并开始投建新生产线。在进一步提升产能的同时，还通过技术改造、推动质量一把手工程等方式，全面提升制造水平，确保出厂产品质量。

到2007年年底，在海信科龙调整重生的第一年，尽管受种种客观因素的影响，其业绩还难言理想，仅仅是通过资产处置收益获得盈利，但就容声而言，其向上蹿升的势头已经表现得十分明显。在2006年实现恢复性增长的基础上，容声在2007年继续实现销量与销售额的双双增长，增长率分别达到了19.2%和17.4%，越来越多的媒体开始用"容声发力重构'四大家族'""容声重放'四大家族'光彩"为题，来赞美容声的新生。

然而，命运的考验还没有就此终止。在即将到来的2008年，一场更加可怕的风暴将从大洋彼岸席卷而来，使整个中国经济陷入巨大的漩涡之中。

第十二章　浴火重生

被克服的困难就是胜利的契机。

——丘吉尔

风暴来袭

1978年改革开放启动之后，中国经济似乎应验了一个10年一遇的"逢8魔咒"：1988年，"价格闯关"失败引发恶性通胀，不得已进入三年调整期；1998年，亚洲金融风暴重创了中国"出口导向型"经济模式，中国被迫启动一系列改革，并通过刺激内需，开启了房地产、大基建的黄金时代。当时刚步入2008年，一个更为巨大的挑战即将落到中国人的面前。与10年前极为相似的是，这次的危机也滥觞于国境之外，而且是源自当代最为强大的经济体——美国。

自20世纪80年代以来，为解决两次石油危机造成的经济滞胀和财政危机，以放松政府管制、强调自由市场为特征的新自由主义思潮成为美国政商两届的主流，并推动美国经济回暖。

其间，美国政府为了刺激总需求，持续放宽金融领域的管制措施，譬如通过1999年《金融服务现代化法》废除了1933年《银行法》（即《格拉斯—斯蒂格尔法案》）对金融业分业监管的规定，从法律上消除了银行、证券、保险机构在业务范围上的边界，其结果是高杠杆的商业银行开始大规模从事高风险的投资银行业务。与此同时，华尔街的金融创新业务层出不穷，比如为了使信用较低的借款人也获得购房贷款（即所谓的"次级贷款"），同时分散借款人断供的风险，金融机构设计了MBS（抵押支持证券）、CDO（债务担保凭证）、CDS（信用违约互换）、合成CDO等多种金融衍生品。由于这些金融衍生品反复打包与拆分，其真实风险几乎无法测量。2001年—2004年，持续的低利率刺激使得美国的房价节节攀升，底层资产的泡沫掩盖了天量衍生品所蕴藏的巨大风险，这一市场的规模持续扩张至数十万亿美元，并通过国际金融市场传导至其他发达国家。但自2004年中期开始，为了遏制经济过热造成的通货膨胀，美联储在两年内共加息17次，于是，从2006年开始，次贷违约率不断上升，房产价格则从巅峰掉头向下，漫长而复杂的次贷价值链由底层资产崩溃开始逐级毁灭，并将美国的金融体系拖向深渊。

2007年2月13日，美国第二大次级抵押贷款公司——新世纪金融公司发出2006年第四季度盈利预警，并在2007年4月2日宣布申请破产保护并裁减54%的员工，"次贷危机"的第一张多米诺骨牌倒下。2007年8月，又一家大型抵押贷款机构——美国住房抵押贷款投资公司申请破产保护。当月，全球多个发达国家均有金融机构承认因参与美国次贷市场业务而蒙受损失，全球大部分股指遭遇重挫，世界各地央行开始直接向金融系统注入流动性。但灾难还在延续，2007年10月，美国第三大投行美林证券、日本第一大投行野村证券、欧洲规模最大的金融集团瑞士银行先后宣布第三季度巨额亏损。2008年3月，美国第五大投行贝尔斯登陷入危机，为了避免因贝尔斯登倒闭而对金融体系造成更大的冲击，美联储协调摩根大通以较低的价格完成了对贝尔斯登的收购。当月，美联储还通过降息和允许联邦住房贷款银行系统增持"两房"[1]所发行的抵押支持债券，试图稳定正在陷入雪崩的住房信贷市场，然而收效甚微。到了下半年，危机继续升级，9月份，美国联邦政府宣布接管"两房"。随后，美国第四大投行雷曼兄弟破产，第三大投行美林证券则被美国银行收购。在全球范围内，亦有多家金融机构因相互关联的流动性危机而倒闭或被国有化，全球经济面临着自20世纪30年代的大萧条以来最为严重的一次"至暗时刻"。

应该说，由于我国金融体系（主要是银行业）直接持有的次贷衍生资产数量不多，受到次贷危机的直接冲击比较有限。但次贷危机在很短时间内使美欧日发达经济体陷入深度衰退，使得外部需求骤降，再叠加人民币的被动升值，中国的出口受到了很大的影响。从月度出口增长率来看，在2007年2月，这个数据还高达51.6%，到2007年12月就剧降至21.7%，而到2008年11月则降到了-2.2%，为2001年7月以来的首次负增长。根据测

---

[1] 即美国最大的两家住房抵押贷款机构房利美（Fannie Mae）与房地美（Freddie Mac）。

算，2008年前9个月中国GDP增长同比下降2.3个百分点，其中出口下降导致的GDP减速就占了将近一半。

除了在外贸上的直接冲击，次贷危机对金融市场信心的打击也是毁灭性的。2006年到2007年，低迷了许久的A股市场正在迎来一场狂飙突进式的超级牛市，上证综合指数在2007年10月达到了史无前例的6124点，随后受到外围市场的影响，出现急剧下挫。到2008年4月，上证综指最低下探到2990点，相对最高点跌去了51.2%，远远超过其他股市的下跌幅度；而又过了半年，到2008年10月，上证综指的最低点来到了1664点的"历史大底"，相当于从最高点跌去了72.8%。短短一年的时间，数以万亿计的国民财富灰飞烟灭。

在严峻的经济形势面前，立足未稳的海信科龙又遭重创。2008年年报显示，公司营业收入较上一年下降了2.1%，其中外销业务的收入下降8.1%，而叠加通胀与人民币升值带来的成本上升之后，扣除非经常性损益后的净利润[1]由上一年的-0.88亿元扩大亏损至-2.50亿元。科龙的漫漫亏损之路，似乎总也走不到尽头。

相比经营亏损，海信白电资产注入计划的延宕更令人心焦。作为科龙整合计划的一部分，也为了满足相关法律法规对于上市公司及其控股股东之间禁止同业竞争的规定，海信在完成股权过户和股权分置改革之后，便已经着手推动重大资产重组事宜，拟将旗下冰箱、空调等白电资产一并注入海信科龙这

---

[1] 通常简称为"扣非净利润"，指的是公司依靠主营业务取得的净利润，能够比较真实地表征其盈利状况。

一上市平台。然而，经过大半年的准备，当海信在2007年9月底向证监会提交重大资产重组方案时，其时已值A股市场最为癫狂的时刻，随后，市场山崩地裂，哀鸿遍野。随着指数的节节败退，市场情绪堕入冰点，重组方案对于海信注入资产的估值也一降再降。2008年7月，考虑到宏观形势的严峻性和整合前景的高度不确定性，海信科龙宣布重大资产重组暂停，并且不会在未来三个月内重启该交易。

业绩不彰，资产重组暂停……新生的海信科龙挫折重重，举步维艰。一些新闻媒体已经开始用"悲剧"这样的字眼来形容这桩并购交易，并断言"并购的失败判断正在变成现实"。一家门户网站发起的投票显示，半数以上的网友认为，"海信没有能力整合科龙"。到2008年年底，海信科龙总裁王士磊辞任，这是海信入主科龙两年多以来第二次调整总裁级高管。一篇报道以同情的口吻写道："从2007年以来，家电原材料大起大落、A股市场跌宕起伏、金融海啸席卷全球，此种情势下，往往很多时候个人的努力都会被吞噬于无形。"[1]

否极泰来

2008年9月，以雷曼兄弟破产为标志，次贷危机演变成为震撼全球金融体系的大海啸，使全球范围内出现流动性的急剧紧缩。

---

[1] 吴江 . 海信科龙再曝高层震荡 总裁王士磊已辞职 [EB/OL]. http://finance. sina.com.cn/stock/s/20081205/15535596986.shtml.

　　通常，市场经济这只"看不见的手"具有通过引导价格来调节经济活动的功能，但"市场失灵"在某些情况下确实存在。当经济加速下行时，出于对经济前景的一致性担忧，经济主体往往同时选择收缩经营、减少投资，造成普遍的流动性危机，从而引发更大的灾难。正如约翰·梅纳德·凯恩斯所说："每个个体受理论上的亏损或盈利驱使，所做的恰恰违反了全体利益的期望。"他对此提出的解决方案是，主张国家采用扩张性的经济政策，通过增加需求促进经济增长，即扩大政府开支，实行财政赤字，刺激经济，维持繁荣。1929年至1933年，美国陷入历史上最严重的一次大萧条，随后美国总统富兰克林·罗斯福通过"罗斯福新政"使得美国从衰退中恢复过来，而罗斯福新政的核心正是反对自由放任，加强对经济的干预。在这次全球性的危机面前，各国政府也不约而同地选择了出台各种救市计划，中国也没有例外。

　　从2008年9月到12月，中国央行连续五次调低存贷款基准利率（这一降息节奏堪称史无前例），连续四次降低金融机构的法定存款准备金比率，通过低利率环境刺激借贷与投资，通过放大货币乘数向金融机构提供充足的流动性。在宽松的货币政策之外，中央政府也宣布采用积极的财政政策来扩大投资，稳定增长。11月，国务院提出了加快建设保障性安居工程，加快农村基础设施建设，加快铁路、公路和机场等重大基础设施建设等10项措施，计划到2010年底实现投资总量4万亿元（一般简称为"4万亿计划"）。

　　此时的家电行业仍然在经济寒冬中瑟瑟发抖，但"家电版救市计划"即将在2008年最后一个月让全行业为之欢呼。2008年12月5日，财政部、商务部、工业与信息化部联合发布《关于全国推广家电下乡工作的通知》（财建〔2008〕862号），宣布在全国37个省（自治区、直辖市、计划单列市）全面推广"家电下乡"工作[1]，本通知所指的家电下乡产品为彩电、冰箱、洗衣机、手机四类产品[2]，按产品销售价格13%予以补贴。通知一经发布，业内人士立刻敏感地意识到，这一政策对启动农村市场具有极大的意义。在此之前，农村市场以其广阔的市场空间，一直是各家电厂商觊觎的沃土，只是受制于终端售价与购买力之间的鸿沟，少有一二线品牌能够真正深入农村市场，而现在，这道鸿沟将被政府财政主动填平。一位知名品牌企业的中层干部在接受采访时不无兴奋地指出："我估计冰箱销售至少在当地市场会提升50%以上的份额，以前冰箱仅有10%—20%的普及率。当然，手机、彩电也有可能将销量提升30%以上。彩电以前在农村的覆盖率就有70%，看似容量不大，但目前农村也面临着彩电升级换代，短管和高清电视也要下乡了。"[3]

　　"家电下乡"政策的推出，仿佛一声发令枪响，海信科龙的庞大系统立刻高效运转起来。根据这一政策，三部委将制定家电下乡产品标准和招标文件，所有的家电产品必须通过公开

---

[1]　此前，在2007年12月，国家已经在山东、河南、四川、青岛三省一市进行了家电下乡试点，对彩电、冰箱（含冰柜）、手机三大类产品给予产品销售价格13%的财政资金直补。

[2]　到2009年2月，家电下乡产品又新增了摩托车、电脑、热水器和空调四类。

[3]　南方都市报. 家电行业巨头下乡齐驳"库存清零"论 [EB/OL]. http://info.home-a.hc360.com/2008/11/261031416230.shtml.

的招投标程序，成为中标产品之后，才能享受财政补贴。"从发标书到我们参加投标的时间非常短，但资料非常多，大概有三本，每本都有好几千页。"冯涛当时牵头负责容声产品的投标事宜，他回忆起这一工作仍然感触良多："确实很辛苦，压力很大。在投标之前的两三天，晚上基本不睡觉。"

某一次投标中发生的故事最具有代表性。"当时是在青岛做的标书，第二天在北京投标，打算前一天从青岛出发。临走前，发现标书中存在错误，必须全部拆封，重新打印，重新装订。"冯涛回忆道，"调整好以后去打印店，已经是深夜了，把人家老板折腾起来，给我们打印装订。装订完一看时间，傻眼了，所有的航班都已经停飞了。最后没办法，紧急找了一辆车，从青岛直接开往北京，紧赶慢赶，总算在第二天中午赶到，万幸的是，没有耽误投标。"

有一名干部笑称，海信在政策执行过程中表现得过于谨慎细致了："我们当时对于政策的理解深度不够。其实国家推出这个政策，是希望全力刺激消费，所以它的财政补贴一定要花出去。事后来看，不仅所有的品牌企业都能够中标，连一些名不见经传的杂牌也能中标。"在普惠性的政策洪流之下，一些本已在激烈竞争中濒临淘汰的小品牌得以喘息，义无反顾地投入到这场饕餮盛宴之中。而大水之中鱼龙混杂，虚构销售、虚标能耗等种种骗补行为也在不同程度上存在着。从日后的各项审计与案件通报来看，与骗补行为有关的既有经销商、个人，也有生产企业；既有中小企业，也有大型企业。但海信旗下的企业几乎与此绝缘。"海信自己掌握的标准可能比国标更严。

比方说，在容积或者耗电量上，同样一个标识，国家允许的误差浮动在3%，但海信自己掌握的误差浮动可能控制在2%，超过这个范围根本不让出厂，更不要说虚标这个事情。"另一名干部解释说，"海信的企业性格就是这样的，就是踏踏实实干自己的事，国家有政策，该争取的得去争取，但不允许投机取巧占便宜。"

尽管不愿走偏门，但毋庸置疑的是，作为几乎具备全品类生产能力的品牌企业，海信是这场家电行业"大跃进"中最受益的参与者之一。仅以容声冰箱为例，在2008年底之前进行的投标会上，其选送的15款冰箱和5款冷柜投标产品全部中标。到2010年时，容声旗下的冰箱及冷柜产品进入"家电下乡"产品名录的数量分别达到76款和32款，海信科龙旗下产品总计中标数量达到434款。[1]

"家电下乡"等一系列行业刺激政策使得寒冬迅速消退，家电行业的暖春到来了。2009年，容声冰箱的销量和销售额分别大增30.9%和24.8%，海信科龙的业绩也迅速回暖，除了营业收入较上年增长 8.4% 之外，也实现了更名之后的首次扣非净利润为正值（1.09亿元）。漂亮的业绩能够击退一切质疑，围绕着科龙的种种疑问，在家电业的"人造繁荣"中，渐渐退隐幕后了。

---

[1]　桑慕 .ST 科龙 434 款精品中标家电下乡 [N]. 证券时报，2010-11-17.

纵深发力

对于海信科龙而言，2009年是一个温暖的年份。和外部环境一样，内部环境也正在悄然间发生着积极的变化。

上一年的年底，一个叫作周小天的"新人"——大半年以前，他还是德国博世西门子集团的一员——坐到了海信科龙总裁的位置之上。在此之前，海信科龙的历任总裁均是海信集团派出的宿将，选用一个毫无海信背景的人来坐镇海信科龙，海信高层似乎希望以此来向内外部展现决心：只要能够做好海信科龙，海信完全可以"选贤任能，不计出身"。

但"新人"周小天并不是一个"新手"。在制冷界，他早已博得大名。1995年5月，在德国卡尔斯鲁厄（Karlsruhe）大学工程与制冷研究所任教并获得工程博士学位的周小天被德国博世西门子集团相中，开启了他在博世西门子的13年职业生涯。2006年时，他已经负责博世西门子集团全球的冰箱制冷系统设计、创新、标准化及成本控制等工作，甚至担任了国际电工协会冰箱和压缩机分委会秘书长，是国际电工协会中担任高级职务的屈指可数的"黄皮肤"人。他本人在冰箱结构、性能及控制等多方面拥有30多项专利，是一个不折不扣的"专家型高管"。

这位被很多下属尊称为"周博士"的专家型高管在2008年4月加入海信科龙，其第一个职务是分管生产与研发的副总裁。客观而言，当时的海信科龙还没有完全从泥潭里脱身，运营尚难言理想，但他对企业的前景表现出了极大的乐观："海信科龙是一个与博世西门子非常类似的企业。它们都很稳健，对技术的追求都很'痴狂'……这个企业比我想象的还要好。"但在金融海啸的威胁之下，海信科龙的2008年仍然笼罩在愁云惨雾中。2008年12月4日，在原总裁辞任之后，海信科龙董事会任命周小天为新任总裁。非常巧合的一点是，仅仅一天之后，全面推广"家电下乡"的重磅政策公布，这几乎相当于给这位新任总裁发了一个"开工红包"。

但是，周小天和他的同仁还没有时间庆祝，毕竟，在2008年的惨淡业绩面前，需要他们立刻着手去做的事情太多了。有一个段子在海信科龙内部流传了很久：在周小天刚刚加盟海信科龙时，某一天晚上的六七时许，他召集了一群人开会，开场白是"我希望能把外企的工作风格带到这里来，希望经过几个月的磨合后我们不用在晚上加班、开会"。但在几个月之后，他和其他海信科龙人一样，成了一个标准的"加班狂"。

在每一分利润都很宝贵的2008年，当周小天执掌起海信科龙的生产经营大权，他的第一反应与当年的顾雏军颇有些相似之处，那就是"降成本"。然而，与顾氏科龙"杀供应商"的粗暴方法不同，周小天力主推动的降本方式叫作"行业标杆项目"，即在行业的竞争对手中，或是本企业各个公司中，选择一个成本低、效率高的样板，作为其他公司学习的标杆，以项目组的形式进行"技术攻关"，通过技术手段降低生产成本、提高生产效率。2008年，项目试点取得重大进展。2009年，周小天随即宣布在整个海信科龙全面铺开该举措，当年成立项目组64个，在压缩机、金属件、制冷系统等多个方面开展工作，为海信科龙节省出经济效益数亿元。

与顾氏科龙的另一点区别是，在降低成本的同时，海信科龙将产品质量视为企业经营目标中至关重要的一环。时至今日，在海信科龙的各个生产基地中，人们常常一抬头就能看到"质量不能使企业一荣俱荣，却足以让企业一损俱损"的横幅，这正是周厚健常常拿来教育7万名员工的名言。在海信入主科龙之初，由于企业运营困难，主要精力集中在清理资产负债表、恢复现金流上，在产品质量方面投入精力不够，到周小天任总裁期间，他本人的工程师身份、海信科龙运营情况的改善以及海信本身的质量基因三个因素同频共振，使得质量管理被高度重视。一方面，企业在现有质量管理项目体系的基础上，全面贯彻六西格玛管理理念，进一步完善流程管理，优化工艺设计，搭建和维护产品通用化平台，提高标准化程度，以先进的设备和完善的工艺流程来提高基础质量水平；另一方面，企业通过反复教育提升员工对于质量控制重要性的认识，实施包括"质量风险年薪"在内的一系列考核机制，从改善全员主观意识的角度来确保质量控制。一旦出现质量问题，必然追责到底，无人可以豁免，包括周小天本人在内。科龙的老干部、曾长期担任科龙副总裁的王久存女士，当时被上调至海信集团主抓质量。有一次，海信科龙的营口冰箱生产基地出现了产品批次质量问题，被用户批量退货。她到达营口基地之后立刻宣布停产整顿。周小天原则上当然同意她的整顿意见，但当时还有一批三天后就要交货的出口订单，生产压力很大，便向她征求意见，是否等待完成该批次生产任务之后再行整顿。王久存女士的回答是"不行"，理由是周厚健提出来的"四不放过"："出现问题以后，原因不查清不放过，问题不解决不放过，后续改善提高措施不到位不放过，责任不追究不放过。"结果是，紧急整顿一天，将问题彻底整改到位之后，营口基地才宣布复产。事后，周小天将营口基地的质量负责人就地免职，也对自己进行了处罚。

经过一年多的严格治理，周小天在2010年接受采访时，不无骄傲地说："海信科龙在产品质量方面，在行业里是最好的企业之一。虽然品牌还不是最知名的，但是产品的质量、性能是最好的。"[1]一名海信科龙的资深营销干部对这个"不太谦虚"的说法表示认可，他声称，尽管营销条线并不掌握具体的质量数据，但当时最直观的感受是，在2009年以前到分公司出差，无论是经销商还是终端的导购员，时不时会抱怨一些质量问题，但周小天等一系列专业干部主政了一段时间之后，大多数反馈都变得非常正面，人们可以充满自信地说：我们现在的产品质量非常好。

从2009年开始，海信科龙的营销能力也获得了长足的进步，这一进步主要来源于机制的改变。技术专家周小天在石永昌、王云利等营销副总裁的配合下，仔细研究了海信科龙当时的经营状况，明确了以快速扩大销售规模为主要战略方向，并推出了与此相配合的"规模激励"制度。该制度的核心逻辑，

[1] 胡春民,黄俪.周小天：管理创新推动家电企业转型 [N]. 中国电子报,2010-06-25.

是突破"工资+单项奖"的常规激励方式，而给每个区域核定一个计划目标（与历史业绩挂钩），如果超额完成销售目标，相关人员可以按照一定的规则分享边际收益，同时还可以提取一部分收益作为未来的推广费用。在实际执行过程中，工作得力的营销人员从"规模激励"中获得的收益甚至可能高于岗位工资，而更加灵活的费用制度则给了他们更加广阔的施展空间，这显然极大地激发了营销人员的工作动力。营销制度的改善叠加"家电下乡"等宏观政策的利好，使海信科龙的业绩在2009、2010两年呈现出高速增长的状态。

在降成本、提质量、促营销三个成效显著的动作之外，因企业运转不畅而低迷许久的战略性工作——设计研发，也开始被更多关注。实际上，在2007年，海信科龙暂时免于退市的危险后，便决心加大在技术方面的投入。受限于当时的资本实力和短期市场压力，海信科龙选择了一种投入可控、见效快的路径，即技术引进。2007年12月，海信科龙宣布与日本东芝电器签订冰箱技术合作合同，拟从东芝电器引入技术服务、销售模具和现场指导；2008年5月，海信科龙又宣布与惠而浦在浙江长兴合资建厂，集合双方的技术能力，投产冰箱、洗衣机产品。通过技术合作、合资等方式，海信旗下产品线迅速扩展。以容声冰箱为例，在相当长的时间里，它主要依靠"节能明星冰箱"的三个改款和两款小容量冰箱参与市场竞争，尽管在中低端市场具备比较强的竞争力，但应对高端市场的竞争就显得力不从心。现在，通过引入外部技术力量并消化吸收，容声开始发力中高端市场。2010年3月，容声宣布推出艾弗尔（iFeel）系列冰箱新品，其中包括多门、对开门、三门等20余款大容量风冷产品，在技术上采用了变频、双循环及全天候节能，搭载了自主研发的七彩光养鲜技术。该系列产品的推出，标志着容声开始向中高端市场挺进。当然，经历了长时间的低潮之后，像设计研发这样需要历史沉淀的工作不可能立竿见影地成长，真正具有市场号召力的引领性产品还要在数年后才会集中出现。

功德圆满

随着各个方面的经营活动逐步纳入正轨，海信白电资产注入海信科龙的重大资产重组再度启动。2009年4月，海信科龙发布公告，称正与控股股东商议重大资产重组事宜。一个月之后，本次资产重组预案公布。相比一年前的方案，本次重组中，拟注入海信科龙的资产又增加了海信所持有的海信日立空调系统有限公司49%的股权和青岛海信模具有限公司78.7%的股权，其中前者所经营的中央空调业务是对海信科龙家用空调业务的重要补充，后者所经营的模具业务是海信科龙白电业务的上游。显然，在新的资产重组预案当中，注入海信科龙的资产规模更大，质地更加优良。海信科龙的这次资产重组，吸引了市场的广泛关注，大多数人认为，假如本次资产重组顺利实施，海信科龙的实力将大大增强，从而得以回归白电行业第一阵营。

这次，事情的发展没有让人失望。整个2009年，海信科龙在业绩上狂飙突进的同时，稳步推进了资产重组所要求的一系列财务、法务工作，并在当年12月获得中国证监会"有条件通过"的审核决定。到2010年6月，股份定向增发、股权过户等各项手续陆续完成，拥有海信旗下全部白电资产的海信科龙上市平台正式搭建完毕。

海信科龙重大资产重组的完成，彻底解决了上市公司及其控股股东之间的同业竞争问题，使得整合效益得到发挥。重组未完成之前，尽管海信科龙、海信白电有"合署办公"的动作，但其实质业务必须按照规范分别运作，比如财务系统需要独立，原材料采购、生产制造、市场推广等方面也要分开操作，这显然制约了公司的运营效率和协同效应的发挥。重组完成之后，许多业务能够直接合并，有利于提高效率、降低成本。

更重要的是，本次重大资产重组的完成，标志着科龙收购案全部后续动作的顺利完结。起念于2005年5月的这场"黑白电大联姻"，从一开始就寄托着周厚健等海信高层"打造全新白电平台"的理想，然而，它却以所有人都料想不到的艰难困顿，慢吞吞地走过了周厚健所预期的"最迟不超过2006年3月"，走过了A股直冲云霄又直跌深渊的跌宕起伏，走过了经济大寒冬……它穿越波谲云诡的迷局，穿越漫长曲折的时光，终于在万千局内人前赴后继的努力中，画上了一个圆满的句号。

不过，对于崭新的海信科龙来说，资产重组的完成只是一个段落的结束，它的历史还需要另起一行，继续书写。2010年，内部的顺畅与外部的景气高度契合，使海信科龙得以继续欢唱自己的好时光。尽管由于与格林柯尔系未结的诉讼事项，使得它在2009年取得盈利之后，仍然因为审计机构发表的保留意见而被迫继续戴着"ST"的"帽子"，但ST科龙的2010年年报足以傲视绝大多数的上市公司：营收增长36.4%，至177亿元，扣非净利润增长69.8%，至1.85亿元，连一直显示为负值的所有者权益，也因为海信白电资产的注入而增长到了5.4亿元，而在数年前曾多达30多亿元的银行借款，现在已经收缩到了11亿元。无论从何种角度来看，现在的海信科龙，都已经是一家步入良性发展通道的企业了。

对于容声品牌而言，在过去的几年中，尽管它是海信科龙旗下最具有影响力和盈利能力的品牌，但显然也受到了海信科龙低迷业绩的影响，没有余力去扩展自己的格局和远见。人们有时候开始怀疑，如果容声总是守着过去的老本过日子，没有突破性的进步，那么这杆红旗到底还能竖多久，特别是在2009年3月，引领容声营销多年的老大哥式人物许蔚茹的离开，更让许多人感到动摇和不安。不过，仅仅两年之后，容声就在各项指标上做出完美回应：不仅在市场占有率上逼近10%大关，位列行业第四（如果算上海信冰箱，则海信科龙系冰箱产品市场占有率达到14.12%，将坐稳行业第二），而且产品线有效延展，质量口碑继续夯实。现在，几乎所有人都确信，容声即将展开一个美好的新时代了。

第五部

永续的使命

第十三章　逆流而上

最困难之时，就是离成功不远之日。

——拿破仑

归去来兮

2010年的辉煌景象尚未远去，在新一年的销售旺季到来之前，海信科龙再次发生重大变动：2011年3月，在毫无征兆的情况下，海信科龙营销公司（国内营销）突然从顺德搬离，搬进了位于青岛市东海西路17号的海信大厦，与海信集团、海信黑电营销部门在空间距离上归于一统。

这是一场事先极为保密而执行又非常快速的大转移，其风格与海信历史上的数次整合或拆分一脉相承。由于动作过快，以致国内营销部门搬到青岛的次日，广东当地媒体才发现海信科龙的大动作，并在报道中用"突生变局"来形容。[1]在这篇

---

[1]　南方日报.海信科龙营销公司从顺德迁至青岛 [EB/OL]. http://news.163.com/11/0308/08/6UK2TFU400014AED_mobile.html.

报道中，作者不无担心地写道："由于此次搬迁非常突然，（记者）致电采访顺德区经济促进局、容桂街道办等。有关负责人认为此次搬迁肯定会造成影响，但具体影响仍未掌握，已经派出工作人员赴海信科龙了解情况。顺德区主要领导也已经指示相关部门研究此次搬迁的影响。海信科龙是顺德的纳税百强企业，去年对顺德的税收贡献超过亿元。"弦外之音自然是对海信科龙可能撤出顺德、带走税收不无担心。不过，当时任海信科龙总裁办主任的范炜在日后非常认真地强调道："不存在搬总部这个说法，海信科龙的总部从来都没有搬过，一直在顺德。"贾少谦则解释，经过几年艰辛的整合工作，海信科龙的经营已经步入正轨，这时候需要考虑品牌的突破发展，就要最大限度地发挥母子公司、兄弟公司之间的协同作用，基于这种考虑，高层才做出了搬迁国内营销部门的决定。但是，这并不意味着海信科龙撤出了顺德，事实上，除了上市公司注册地并未发生变化，一些重要部门（包括海外营销部门、生产基地等）此后也仍然长期留在顺德。

无论各方如何反应，海信科龙国内营销部门返回青岛在很短的时间内便成为定局。此时，距离2006年12月海信白电营销从青岛搬到顺德，已经过去了四年零三个月。行程的方向完全相反，心情也有所不同：如果说2006年的那次搬迁，许多人还怀着前途未卜的迷茫感和重任在肩的紧迫感，那么，这一次的搬迁无疑更像一次凯旋。尽管如果以更高的目标来看待——譬如与白电行业的几家领跑者相比，海信科龙仍须付出巨大的努力，但回望过去的几年，所有人都可以清晰地看到，这家曾经陷入泥沼的问题企业，已经无可置疑地走上了重新腾飞的道路。

但是和以往几次大迁移一样，人心的动荡不安仍然是很难完全避免的。冯涛后来在总结容声品牌的发展史时，认为这次搬迁对容声产品线的队伍建设确实构成了很大的挑战。"这个消息一公布，好像就给了三天时间，三天以后就开始搬。（关于搬迁的谈话，）很多本身从青岛过去的人不用谈，主要是之前在广东的这些人需要做工作。"冯涛回忆道。但这项工作做得并不容易。尽管此时的海信科龙营销部门已经是五湖四海的大杂烩，与当初以山东人为主体的海信白电营销离开青岛相比，他们在思想上的抵触感并不算特别强烈，但是，顺德的美食与相对低廉的消费水平，以及顺德人对科龙公司的普遍尊敬，都让他们对这里留恋不已。更何况，广东开放自由的风气，在一定程度上也冲击了以服从为己任的传统价值观。

冯涛和他的上司们希望容声产品线能够保持基本的稳定，如果核心团队出现大量流失，无疑将使容声的增长势头遭遇不该有的挫折。为此，冯涛找了每一个下属谈话，力图讲清楚客观情况，并用真情实感打动他们。一些人接受了搬迁的安排，另一些人则因为各种各样的原因，表示希望继续留在顺德工作。对于后者，冯涛最终采用了一种各方都能接受的过渡策略："（我的方案是）你先过来，过来之后，我在分公司抽调人也好，从应届大学生培养人也好，逐步把这个岗位接起来，接起来之后你再回去，基本上是这种模式。"

过渡策略成功地保证了容声核心操作团队的稳定性。2011年，在行业整体政策扶持力度开始减弱的背景下，容声品牌销量、销售额继续保持小幅增长，市场占有率稳中有升。但是，在此后一到两年的时间里，为了履行先期谈话中所许下的承诺，冯涛又不得不持续推动团队代际更替。对此，他坦言并不容易："过渡时期是比较危险的，如果人员衔接不顺畅，把总部部门带垮了就麻烦了。"好在他精心安排了人员调整的节奏，使团队更替得以平滑渡过。同时，一些分公司贡献了可供过渡的骨干力量，这些中坚力量的驰援，使得容声品牌的操作团队作为一个整体，始终保持了比较强的战斗力。

但是，当时光走到2012年，容声所面对的最大压力并非来源于内部，而是来自于外部。事实上，整个家电行业都在这一年感受到了阵阵寒意——自2009年以来推行的行业刺激政策，正在悄悄走向它的终点，市场的衰落似乎已经无可避免。

凛冬将至

2012年11月，财政部、商务部、工信部三部委联合发布《关于家电下乡政策到期后停止执行等有关问题的通知》（财建〔2012〕862号），宣布全国家电下乡政策将在2013年1月31日全部到期，到期后终止执行。事实上，在本通知正式出台之前，随着农村市场逐渐趋向于饱和，家电下乡政策的刺激力度已经明显减弱。有数据显示，到2012年，农村家庭中冰箱的普及率从每百户20台增长到了每百户60台，而农村市场的彩电规模则首次超过了城市市场。一名白电企业的负责人声称："家电下乡产品的销售在2011年达到了高峰，此后增速就放缓了。"[1]在家电下乡正式宣告终止之前，另一项从2010年开始推出，把城镇居民也纳入补贴对象的"家电以旧换新"政策也已经在2011年底宣告结束。

其实，不独家电行业，中国的整个宏观经济环境也面临着从扩张到收缩的转向。2008年底以来推行的积极财政政策和宽松货币政策，在为中国经济装上"起搏器"、使经济增长避免"失速"风险的同时，也带来了诸如重复低效建设、负债水平高企、资产价格推升过快等副作用。刺激政策有放必有收，如果只放不收，必将给国计民生带来灾难性的后果，因此，从2010年开始，宏观政策开始呈现出转向之态。当年，中国人民银行先后六次上调金融机构存款准备金率，两次上调金融机构存贷款基准利率——这是央行自2007年年底以来，首次实施加息操作。货币政策由宽松转向稳健，再叠加此后出台的一系列房地产行业限制政策，此前如火如荼的房地产投资开始降速，而作为房地产业的下游行业，家电产业的市场需求自然水落船低。

放眼全球，国际经济环境仍然十分复杂。尽管美国已经从次贷危机中逐渐走出，但次贷危机的全球影响并没有终结，在欧洲，包括希腊、冰岛、葡萄牙、意大利、爱尔兰、西班牙等发达经济体在内的主权债务危机先后爆发，阻遏了全球经济状况的恢复进程，导致了外部需求的持续低迷。在2012年秋季的广交会上，境外采购商人数同比减少10.2%，出口成交额同比

---

[1] 刘映花. 家电下乡五年 明天画上句号 [EB/OL]. http://tech.hexun.com/2013-01-30/150756561.html.

下降9.3%，都创下历史纪录。[1]

对于多因素叠加造成的市场转冷，业内并非毫无预判。在几家具备系统重要性地位的白电企业的2011年年报中，不约而同地提到了行业所面临的挑战。青岛海尔提示道："报告期内，受全球经济持续低迷，国内房地产行业景气度下行，家电下乡、以旧换新及节能惠民等政策退出的影响，白电行业增速较2010年明显放缓，家电企业面临较为严峻的挑战。"美的电器的观点是："2011年，白色家电行业继续延续增长态势，但受行业政策逐步退出、国家宏观调控、天气原因及2010年高基数等影响，家电行业增速已逐步回落至正常发展速度。"海信科龙对于冰箱行业这样陈述道："报告期内，国内冰箱市场的需求回落，而行业整体产能大大过剩，面临价格竞争和成本上涨的双重压力。"最为乐观的或许是在空调行业已居于寡头地位的格力电器，其在2011年获得了营收增长37%和归母净利润增长22%的炫目业绩，但即便如此，它仍在年报中坦承："2011年度上半年中国空调市场在原有扩大内需、刺激消费政策背景下，继续保持高速增长；下半年主要是受房地产市场持续调控、产业政策退出、外部激励减弱等因素影响，增速放缓。"

尽管有所预料，但2012年开年之后的市场冷却速度，还是出乎很多人的意料之外。一份来自海通证券的行业跟踪报告显示，在2012年一季度，23家家电A股营业收入同比下滑6.49%，其中白电下滑了12.17%，而冰箱销量增速继2011年四季度出现

---

[1] 吴晓波.激荡十年，水大鱼大 [M]. 北京：中信出版社，2017 年版.

负值（-1.36%）之后，继续下滑至-4.27%。

客观而言，过去几年的财政刺激政策已经使得家电产品的市场需求量明显扩容，从全行业的角度来看，市场机遇已经变得更大而非更小了。仅以冰箱产品为例，在宏观经济高度景气的2007年，国内全年销量大约为2700万台，而在普遍被认为是困难年份的2012年，国内全年销量已经达到4100万台，相当于五年前的1.5倍。但是，也正是由于政策这只"有形之手"直接介入了市场流通的过程，加速释放了市场潜力，在主流家电厂商进入产能扩张周期的同时，也出现了大量试图在补贴盛宴中分一杯羹的"杂牌军"。在整个产业扶持政策的实施周期中，不但虚假标识、虚假销售等骗补行为暗流汹涌，屡禁不绝，家电产能也发生了无度的释放。因此，当市场消费意愿陡然拐头向下，供过于求的矛盾再次激烈凸显，不少家电企业不得不通过裁员降薪等方式收缩过冬，而对新的产业扶持政策的呼吁之声也开始此起彼伏。

然而，凛冬面前，海信却发出了迥然不同的声音。2012年两会期间，作为全国人大代表的周厚健在接受记者采访时，针对当下市场规模虚胖、企业追求短期利益而忽视核心竞争力培育的现象，犀利地评论道："中国的机会太多、诱惑太多、捷径太多，到处演绎着一夜暴富的神话。于是有些人东张西望、左顾右盼，试图寻找一种捷径。长此以往，企业怎能具备优秀卓越的表现能力呢？"由此，他建议，政府应转变在经济中扮演的角色，及时把"强势"转变到强力维持和建立市场公平竞争的健康环境上去，引导企业调整产业结构，建立健康的市场秩序，"特别是在当下，出台严肃的市场规则远比出台若干扶持政策有效和急迫得多"。[1]熟悉周厚健和海信的人，对他的这种态度应该不会感到惊讶。在过去的若干年里，海信一直自认为"又笨又慢"，只专注于技术创新和内生增长，不愿意走跟风或投机的道路，对于大规模持续补贴在客观上造成的逆向激励，自然难言认同。

"对企业来讲，没有捷径，一切捷径都是弯路。"在那次采访中，周厚健斩钉截铁地断言道。

大变局

周厚健似乎一直是以"摒弃捷径"的方式来做企业的，《中国企业家》杂志的一篇封面文章曾经用"一向稳字当头的技术原教旨企业"来形容他治下的海信集团[2]。"技术立企，稳健经营"八个字，已经刻入海信的骨髓，并成为它应对一切变局的根本策略。不过，向来行止低调的周厚健在媒体面前发出如此"尖锐"之声，也在一定程度上折射出了海信内心的焦虑与警醒。

对家电业而言，从2011年年底开始袭来的全行业衰退，一方面是中国实施市场化转型后，宏观经济周期性波动的必由之路，就仿佛是四季轮替中的冬天只不过是下一个春天的前奏；

[1]　新京报. 海信董事长周厚健：家电业不需要扶持政策 [EB/OL]. http://money.163.com/12/0306/08/7RTBN1SF00253B0H.html.
[2]　伏昕. 周厚健反围剿 [J]. 中国企业家, 2014, (06): 36-48.

但从另一方面来看，构成中国家电业竞争力的一些根本要素正在发生着不可逆转的改变，这使得全行业不得不面对又一场颠覆性的大变局。

这并不是家电业第一次面临挑战。在度过20世纪八九十年代的"黄金时代"之后，家电业遇到的第一次大变局肇始于90年代中期。由于外资品牌的大举进入和国内市场整体的供过于求，自残式的价格战酿成了家电业第一次全行业危机，长虹在电视机领域、格兰仕在微波炉领域，都扮演了"价格屠夫"的角色。过度的价格战的结果是，参战者赢得了份额却输掉了利润，因而渐渐丧失了持续投入和长期竞争的能力。最后，坚持"不跟"的海信幸运地成为北方唯一存活的全国性黑电品牌，而在冰箱领域，由于海尔、容声等头部品牌坚持"打质量战而非价格战"，避免了将全行业带入灾难性的后果。

如果说家电业第一次大变局的根本原因是供需错配，那么，出现在数年之后的第二次大变局的根本原因则是渠道革命。以北京的国美和南京的苏宁为代表的家电连锁企业，在21世纪初开始崛起，相较传统百货和小规模零售渠道，家电连锁以其标准化、扁平化而在价格与服务上获得比较优势，从而赢得越来越多消费者的青睐，并因此而具备了流量价值。在家电连锁崛起之初，它们与家电厂商保持着共生共荣的关系，由于销量可观、回款可控、综合费率不高，后者实际上乐见前者壮大，并在货源上提供了全力支持。但当家电连锁作为"通道资源"的价值越来越高，它与供应方——家电厂家之间的关系不免由合作走向博弈，甚至产生冲突。在这一背景之下，不仅日益增长的返利点、名目繁多的价外费成为双方每战必争之地，连锁商为吸引顾客而动辄掀起的降价风暴，更是常常令家电厂家苦心搭建的价格体系一朝崩溃。其间最为著名的案例，是2004年2、3月间，由于国美若干分店降价销售格力空调，后者抗议未果之后，强硬宣布全面停止向国美供货，而国美则立刻要求全国分支机构清理格力库存。这种全面对抗的激烈态度，一直到10年之后方告结束。国美和格力之争当然只是家电供销之争中较为极端的一个案例，但总体而言，家电渠道的革命性变化，确实进一步蚕食了家电厂商本已日薄西山的利润空间。

而现在，当新世纪走过第一个10年，家电业所面临的大变局——就其内涵与表现程度而言——将变得更为复杂和深刻。这种变异既来自于家电制造本身，也来自于渠道的再次重构。从家电制造本身来看，中国制造业在过去10年赖以横扫全球的核心优势，包括成本优势、人口红利等正在渐次消弭。尽管在2010年，中国制造业产出占全球的比重首次超过美国，成为名正言顺的"制造第一大国"，但随着土地、人力、原材料、污染治理等一系列成本的不断上升，"中国制造"在销售价格上的优势已经逐渐丧失。仅在珠三角地区，就起码有超过1000家台资鞋企要么缩产歇业，要么将工厂转移到东南亚。[1]而即便是在人力成本不断走高的情形下，随着城市化进程趋缓（这意味着农村多余劳动力的供给开始减速）、80年代婴儿潮全部进入工作年龄（这意味着年轻劳动

---

[1]　吴晓波.激荡十年，水大鱼大 [M]. 北京：中信出版社，2017 年版.

222

力的供给开始减速），"用工荒"也开始成为制造业企业不得不面对的问题。海信科龙顺德工厂的一位中层干部承认，近年来的招工难度正在日益增加，往往从春节开始的近半年时间中，工厂都存在用工不足的状况。

而在销售渠道上，继家电连锁崛起之后，一股新兴势力开始展现力量。于1998年成立、2004年开始转型电子商务的京东，在2007—2010年间，其每一年的销售额大约是上一年的3倍。2011年，它开始将大家电的运输划归仓储部门，实施仓配一体化的物流建设，并在接下来每年建设8—10个大家电仓库，从7个城市扩张到40个城市。[1]2012年8月15日，京东向苏宁、国美发起大家电价格战，宣布"京东大家电比苏宁、国美连锁店便宜10%以上"。这是一场各方都宣称自己获胜、实际上却草草结束的战斗，然而它造成的影响却极为深远。数年之内，苏宁、国美都启动了向"互联网+"转型的革命，证明了趋势的不可阻挡。也是在同一年，从主营C2C的淘宝网中分离出来的淘宝商城正式更名为"天猫商城"，主营B2C业务。在接下来的几年中，它把11月11日——一个原本十分普通的日子，变成全民狂欢的购物节，并一次次刷新出令人瞠目结舌的交易量。

电子商务渠道的崛起，无疑与互联网（特别是基于智能手机和4G通信网络的移动互联网）的兴起密切相关，但与上一次地面渠道的变革相比，互联网公司改变的绝不仅仅是销售的通路。2010年，一家名叫"小米"的科技公司在北京成立，

---

[1] 李志刚.创京东：刘强东亲述创业之路 [M]. 北京：中信出版社，2015 年版.

在后来的上市招股说明书中，它自称是"创新驱动的互联网公司"。但从小米历年的营收结构来看，它的野心从来就没有止步于互联网。借助"为发烧而生"的理念，小米社区和小米商城聚集了上亿用户，形成了强大的流量能力和资本吸聚能力。接着，凭借品牌与资本优势，小米在智能手机主业之外，大量参股孵化硬件企业，形成了囊括上百家企业的"小米生态链"，几乎涉足人们可以想象的所有硬件产品——包括大家电在内。小米模式的诞生是一个标志，它意味着新兴互联网和传统制造业这两个原本风马牛不相及的产业之间的壁垒被攻破了，挟持流量与资本利器的互联网企业，开始以资本控制或贴牌的方式，向上游制造端切入，对传统制造业形成"降维打击"。2013年年底，一个炒作多于实质的事件，把两者之间的潜在冲突放大到极致：在这一年的中国经济年度人物颁奖晚会上，小米创始人雷军向格力董事长董明珠发起了"挑战"，声称小米的营业额将在五年内追上格力——此时的小米刚刚成立三年，而格力已经在空调领域深耕超过20年。尽管董明珠以10亿元为赌注高调应战，但传统制造业被逼迫到墙角的尴尬一览无余。次年，周厚健在接受采访时用不无戏谑的口吻说："如今好像到了你不是互联网企业就很自卑的地步。"[1]

日后来看，无论是互联网企业自己还是外界，似乎都高估了互联网的魔力。但在2012年前后，在传统制造业哀鸿遍野之时，许多人认为，这个行业已经日薄西山，那些曾经站在舆论

---

[1] 伏昕．周厚健反围剿 [J]．中国企业家，2014, (06): 36–48.

场中央的大品牌，迟早都会沦为互联网企业的代工厂，成为无关紧要的配角，甚至被遗忘在历史的尘埃之中。

容声突围

但是，在一片萧瑟的2012年，容声却反而成为传统家电品牌中为数不多的亮点。根据中怡康数据统计，2012年前八个月，国内冰箱市场零售总规模为2351万台、551亿元，同比分别下降13%、13.4%（全年零售量同比下降15%）。在前五名的品牌中，以零售额口径计算，容声以1.7%的增幅保持领先（全年增长6.3%，高出全行业平均水平超过20%），海尔微增0.6%，其余几家则均有两位数以上的下跌。此消彼长之后，容声的市场占有率明显攀升，一路超越至行业第二。[1]容声的精彩表现引发外界关注，媒体纷纷以"逆袭""逆势发展"为标题，来报道容声所取得的不俗业绩。

反周期增长只是一个经营结果，其背后则是一系列正确的决策。对于容声而言，逆势上涨的首要原因是抓住了"后家电下乡"时期唯一的一次政策红利，即从2012年中期到2013年中期实施的"节能产品惠民工程"。节能惠民政策的推出，在一定程度上是为了对冲家电下乡等政策终止造成的急冷效果，但力度和期限都有所缩短，更像是一种过渡政策。而且，相比家电下乡或家电以旧换新政策，本次补贴政策带有更为明显的

---

[1] 苏亮 . 容声朱海波：危机亦商机 [J]. 家用电器，2012, (12): 68.

"调结构"意图，对补贴机型的能耗等级提出了更为苛刻的要求。大部分"杂牌"产品很难在本次补贴政策中获益，在因补贴退潮而趋冷的市场环境下难以为继，纷纷停产歇业，为市场集中度的提升准备了条件。而容声则向来以节能著称，旗下的节能明星冰箱不仅在顾雏军时代获得联合国GEF节能明星冰箱唯一金奖，而且在2010年被联合国开发计划署（UNDP）驻华代表处选用为绿色办公行动节能产品。2011年，容声自主研发的"全天候保鲜节能技术"又在德国柏林举办的IFA展上获得"2011年度技术创新奖"。2012年，容声又在第五届中国冰箱产业年会上获得"节能技术领先奖"。业内领先的节能技术，使得容声在节能惠民政策中直接受益。时任容声冰箱副总经理朱海波在受访时表示："节能惠民政策拉动了一、二级城市10%的零售增长，并且对容声冰箱的正向影响约在30%左右。从渠道商家的反馈情况看，我们认为节能惠民政策完全可以抵消家电下乡政策终止的影响。"[1]

此外，面对零售渠道的革命性变化，容声也做出了自己的反应。一方面，上市公司层面在2012年10月——也就是京东发起价格战的一个多月后——成立了全新的电子商务部，将电商渠道作为专门的大客户来独立对接。另一方面，面对家电连锁、电商平台对渠道体系的轮番冲击，容声及时调整销售策略，促使其销售网络达到新的平衡。由于新的零售业态往往具备更高的效率和更低的费用，大家电在流通环节上的利润空

---

[1] 苏亮.容声朱海波：危机亦商机 [J].家用电器，2012, (12): 68.

间已经收窄，不可能再支撑起传统上的多级代理分销模式，于是，在2012年左右，容声对传统渠道实施了扁平化改革。所谓的扁平化改革，是以一定标准对现有代理商进行考察之后，留强汰弱，对现有区域或拆或并，将两级代理压减为一级代理，避免利润链条的无谓消耗。同时，容声也改变了在传统代理销售渠道中只铺货不管理的"甩手掌柜"模式，通过实施服务下沉措施，指导代理商更好地服务于分销客户。此外，由于代理商在人员、资金、市场开拓、物流配送等方面分担了一定的职责，容声也乐于在利润链条上进行合理的分配。通过这些调整，容声的传统销售渠道并没有在新兴零售业态的冲击下迅速萎缩，而是与家电连锁、电商平台共同构建起容声渗透市场的巨大网络。

最可喜的变化发生在产品层面。由于经营业绩持续向好，容声在设计研发方面投入的资源与日俱增，从2010年开始实施的产品转型（向中高端领域延伸），在2012年终于开始结出硕果。这一年，一款具备市场引领效应的法式四门冰箱——容声BCD-378WPMB问世。这款冰箱以其炫目的镜面外观、大容量存储空间以及经典法式对开设计而赢得城市消费者青睐，体现了对消费升级趋势的完美契合，并在行业中逐渐带动了四门冰箱的热潮。事实证明，容声的产品转型方向是正确的，在其后的几年里，它也将在这个方向上坚定地走下去。

优秀的经营业绩、稳定的团队与销售渠道、日渐增长的口碑，这一切都让容声人感到骄傲和充满希望。在2012年的寒风之中，曾经被怀疑会遭到新东家海信"雪藏"的容声品牌，终于展现出了王者回归的精悍之气。在2012年的一次新品发布会中，容声首次充满自信地宣称，要做"中国最专业的冰箱品牌"。

他们会实现这个梦想吗？

第十四章　品牌再造

真正的广告不在于制作一则广告，而在于让媒体讨论你的品牌而达成广告。

——菲利普·科特勒（美国西北大学凯洛格管理学院终身教授，"现代营销学之父"）

再定位

实际上，就连许多海信人自己都承认，在收购科龙之后，海信在品牌运作上是走过弯路、犯过错误的。例如汤业国就坦承，海信整合科龙慢于预期，而其中比较重要的一个原因就是多品牌定位问题解决得不好："比如以哪个为主，以哪个为辅，在同时发展的情况下各个品牌的定位是什么，产品的同质化问题怎么解决，不是一个商标就可以区分出来的。"另一名当时分管技术的副总裁王志刚在回顾这一段历史时则更直言"可惜"："容声这么好的一个品牌，海信收了以后，没有解决好多品牌定位的问题……按照容声的实力来看，（在整合后的一段时间内）没有达到理想的效果。"

定位理论是由美国营销学专家艾·里斯和杰克·特劳特在20世纪70年代首次提出的，其核心理念是必须确保品牌在潜在客户的心中与众不同，即有效制造差异化，并利用这种差异化占领客户心智。不过，一个不容忽视的事实是，当时的中国家电企业在完成并购之后，对如何在品牌定位上制造差异化普遍认知不足，多品牌运作尤其是相同品类上的多品牌运作，还罕有成功范例。无论是科龙收购华宝、美的收购华凌，抑或海信收购伯乐，都存在强势品牌挤占弱势品牌市场份额的现象，而这也是海信收购科龙之后，市场担心容声和科龙品牌会一蹶不振的主要原因之一。

客观而言，海信的决策层并没有刻意弱化容声、科龙的意图，否则这场耗尽心力的大并购就失去了意义。但是，至少在最初的几年中，品牌定位"拧巴"的问题是存在的。与以往的并购案例有所不同的是，至少在冰箱领域，无论是从客观的市场占有率，还是从主观的消费者认知来看，被收购品牌（容声）反而是比收购者品牌（海信）更为强势的一方，这足以使它在新东家心目中留下"大而不能倒"的印象。但作为母公司商号同时也是综合性品牌的海信，早在收购科龙之前便已进入冰箱领域并获得了一定的市场份额，这使得决策层绝不可能甘于自我扬弃。于是，在冰箱领域，海信科龙不得不同时运作两个品牌，这也使得如何做好有效区隔、避免"自相残杀"变得非常重要。

根据冯涛等人的回忆，在整合前期的某一段时间里，人们试图在产品档次和定价上做文章，使容声和海信的目标用户分离，具体而言，是容声守住中低价位，稳固市场份额，海信则向中高端市场发力。但是这种差异化定位的执行效果并不理想，一方面，海信品牌在白电领域的根基尚浅，还无力在消费者心智中占领中高端的地位，价格上行使得市场份额严重流失；另一方面，容声品牌被迫在高端机型方面做出让步，延缓了产品结构转型的节奏，尽管在中低端领域实现了市场份额的恢复性增长，但错失了2007年前后开始出现的中高端机型加速增长的机遇，被主要竞争对手拉开差距。

海信的决策者们最终意识到，在产品档次上刻意制造区隔并不是明智的做法，事实上，海信和容声都已经是有数十年经营历史的成熟品牌和大众品牌，其中任意一方都并不具备单独向上定位的市场基础。可供参考的是，行业主要竞争对手在实施产品升级策略时，使用的并不是原有的成熟品牌，而是创建了一个全新的品牌，这也从另一个角度证明，在大家电这样的耐用消费品领域，想要改变消费者的心智是如何的困难。

最后，品牌操作团队决定从消费者的固有认知出发，在产品特色而非价格区间上制造区隔。海信作为黑电起家、技术领先且较早实施国际化的综合品牌，在产品上主要强调科技感和国际化；而容声则作为专业冰箱品牌，突出节能、保鲜等专业元素，在产品系列上实施高中低全覆盖。

正是在这种品牌定位的指导下，容声在2012年首次自信地宣称"要做中国最专业的冰箱品牌"。而随着海信科龙的业绩不断提升，利润积累日渐增厚，容声品牌也具备了在产品结构和技术研发上做更大投入的实力。2013年3月，在容声品牌30年发布会上，海信科龙董事长汤业国回顾了海信并购科龙以来的七年历程，感慨地表示，"经历了并购过程中的磨合和调整之后，容声已经步入发展的快车道，迎来又一个新的机遇期。"[1]他同时指出，海信与容声这两个有着相同技术、质量基因的品牌走到一起，各有侧重，互为补充。如今，质量已经成为容声具有明显区隔度的品牌资产，助其牢固占据全国中高端市场。未来，在不遗余力地巩固容声在专业品质上的深厚积累之外，海信将通过吸收全球一流的工业设计和制冷保鲜技术，进一步推动其成为中国冰箱领域最专业、最值得信赖的名牌。

技术突进

汤业国的承诺并非虚言。2013年以后，尽管中国经济进入"新常态"，家电行业作为市场化程度最高、渗透率最高、竞争最激烈的行业之一，行情始终起起落落，已不复20年前高度景气的盛况，但容声却以穿越周期之定力，以"守正笃实，久久为功"之专注，持续投入资源开展技术研发，不断提升产品力。

与黑电的频繁迭代不同，冰箱、空调、洗衣机等白电产品的核心技术相对比较稳定。以冰箱为例，在几十年的发展历程中，其核心工作原理——基础制冷原理、保温原理，并没有发生根本性的变化。但这并不意味着白电品牌在技术的推动上

---

[1] 环球网科技. 海信科龙董事长汤业国：容声步入发展快车道 [EB/OL]. http://tech.huanqiu.com/elec/2013-03/3752981.html.

无所事事。在历史上，容声在以潘宁为代表的一批创业者手中，就始终把技术领先作为容声的核心生命力之一，"高举高打"，投入毫不吝啬。譬如在90年代初，在直冷冰箱（有霜）远未普及的情况下，容声已经从日本引进了风冷技术，向市场推出能够无霜运行的风冷冰箱。在90年代中期，容声则在制冷剂、发泡剂的选型和调试上取得世界级突破，在效率、安全、环保、成本等多方面达成平衡，有效实现了无氟替代。在21世纪初，容声甚至在自己的展厅当中摆出了一台概念机：这是一台348升的大容量冰箱，其表面内置了一个14寸的液晶屏，通过液晶屏可以联网，可以控制窗帘、空调、灯光……也就是说，十几年后人们所热议的"家庭物联网"，在21世纪初就已经由容声做出了雏形，容声的远见与魄力，由此可见一斑。

当容声步入海信时代，特别是当企业逐步走出困境之后，两个品牌的技术基因完美相融，更多的技术进步开始层出不穷。首先，容声通过对冰箱的基础性技术进行持续改进，使产品越来越趋于节能与环保。仅以发泡技术为例，容声从90年代以来先后使用过CFC-11（属氟利昂）、环戊烷、HCFC-141b、HFC-245fa、LBA等发泡剂，多次领先于行业开始换代，而后代相较于前代往往具备更高的环保性和更强的隔热性。凭借发泡技术的不断突破和压缩机效能的不断提升，容声在推出"节能明星冰箱"之后，还不断刷新自己的纪录，在屡获国家级节能大奖的同时，也在"节能惠民"这样的扶持政策中取得优势，实现了从技术领先到业绩领先的转化。

另一方面，在冰箱的功能性技术上，容声的探索从未停止。冰箱产品的核心功能是尽量延长食材的储存时间，但传统冰箱只着眼于提供一个低温存储的环境，对涉及食物保鲜的其他因素则研究不足。容声很早就认识到这一点，并展开了深入的技术研发。1999年，容声推出了一个名为"养鲜魔宝"的模块，有效地延长了果蔬的保存时间。该模块的工作原理是，针对果蔬在保存过程中会释放乙烯，而乙烯气体有着很强的催熟作用这一现象，通过钯酸盐等催化剂加速乙烯的氧化过程，以降低冰箱中的乙烯浓度，延缓果蔬的成熟过程。后来，经过持续迭代，到2004年，容声推出的第四代养鲜魔宝技术，已经具备杀菌除臭、延缓成熟、补充维C三种功效。海信入主科龙之后，容声在保鲜技术方面又有新的突破。2010年左右，容声推出了"七彩光合养鲜技术"，将红光、蓝光、黄光等单色光，通过电脑控制，以特定光强及配比合成为一种特殊的多色复合光，对太阳光进行模拟。冰箱冷藏室的门关闭后，七彩光自动开启，对果蔬进行照射，使果蔬能继续进行光合作用，合成营养素，从而延长保鲜时间，保证果蔬的营养和口感。到2014年，容声又推出Nano-fresh纳米负离子保鲜技术，其使用尖端放电的方式产生具备强氧化性的负离子，同时以纳米级水雾进行包裹，在延长负离子的存续时间、对冰箱内环境进行强力杀菌的同时，也持续为食物补水保鲜，同时解决了风冷冰箱的"风扇直吹引发水分流失""细菌腐蚀导致发霉变质"等问题，实现"保湿与杀菌"两大功能的融合。而随着机器学习能力的不断增强，容声的研发人员甚至在模块中增加了人工智能的应用，可以自动学习和判断用户的高频使用时间，在用户较少打开冰箱时释放臭氧杀菌，在用户频繁打开冰箱时进行除臭，使标准化产品逐渐趋向于个性化，更加贴近现代消费者对产品"千人千面"的要求。

容声扩容

尽管与主要竞争对手相比，容声的产品结构升级起步稍晚，但到2012年，容声的中高端系列已经形成了一定的规模，特别是法式四门冰箱的推出，在一定程度上引发了市场的跟随热潮。此前在多门冰箱这一细分领域中，日韩系的六门冰箱占据主要地位，但在容声的示范引领效应之下，法式四门冰箱逐渐开始风靡，并在日后压倒日韩六门冰箱而成为市场主流。2014年，容声又推出了另一款具有更强市场引领效应的产品——"食尚派"十字对开门风冷冰箱。

在容声推出十字对开门风冷冰箱之前，按照销量和消费者关注度来看，直冷冰箱仍然占据主要地位，大容量的风冷冰箱在整体市场中占比不高（一次调查结果显示，在2013年，消费者对于风冷冰箱的关注度低于直冷冰箱26.8个百分点），而且在风冷冰箱当中，主流机型多为从欧美引入的普通对开门冰箱和从日韩引入的六门冰箱。容声经过一番调研和论证，认为随着中国消费者的消费实力与生活品质的提高，大容量风冷冰箱已经越来越受到市场青睐，未来的发展空间较大[1]。但市场上较为常见的普通对开门冰箱存在间室过大、分隔不细、开门时换热面积较大而导致高耗能等问题，而六门冰箱则分隔过于精细化，不符合中国消费者的使用习惯。此外，由于中国幅员辽阔，不同地域的消费者对于冷藏室、冷冻室的容积需求不同，譬如南方消费者喜吃新鲜食物，对冷藏室容积要求较高，北方消费者则较为习惯冷冻肉食，对冷冻室容积要求较大。基于上述调研，容声决定推出拥有可调温区的十字对开门冰箱，解决前述现象中存在的消费者痛点。2014年5月，在冷年传统旺季开始之际，容声"食尚派"十字对开门风冷冰箱BCD-439WKK1FYM正式面世。

这款总容积达到439升的大容积风冷冰箱，内部采取"品"字结构进行全新分区，使其更适合中国家庭的需要。从容量上看，该冰箱拥有冷藏容积295升，冷冻容积72升，变温容积72升，既可将变温区变为冷冻，使冷冻空间达到144升，也可将变温区变为冷藏，使冷藏空间达到367升。业内资深人士指出，容声"食尚派"十字对开门冰箱让存储空间更加灵活、分区更加细致，超大变温室及多抽屉设计也让不同的食物可以选取合适的存储环境，再搭配领先的Nano-fresh纳米负离子保鲜技术，既能延长食物的保鲜周期，又能防止串味，非常适合中国家庭使用。这款冰箱也被国家信息中心与中国家电网联合推

---

[1] 事实也确实如此，根据市场调研机构后来的数据显示，尽管2014年冰箱市场整体出现负增长，但多门冰箱零售量同比增长47%，对开门冰箱同比增长17.5%。

荐为最适合中国家庭使用的无霜十字四门冰箱。

容声十字对开门冰箱的横空出世，使得容声品牌的市场销量及口碑再上一个台阶。上市仅仅一个月，该款冰箱就进入了冰箱产品畅销榜前五名，且在四门冰箱畅销型号中增速第一，在340升以上的大容量冰箱领域，容声占比高达17%。在2014年到2015年间，由于十字对开门风冷冰箱的持续发力，在零售量、零售额高速增长的四门冰箱领域，容声品牌始终排名前列。

比产品结构持续扩容更令人欣喜的是，类似于十字对开门冰箱这样的产品的出现，意味着容声的产品开发策略正在逐步进。在此之前，特别是在动荡和整合时期，由于精力和资源有限，容声在进行新产品开发时，多采取"跟随策略"，即选择已被国内或国际市场消费者接纳的机型，并叠加一些容声特有的元素，在细部进行微创新。这样的产品开发策略成本较低、速度较快，而且也比较安全。事实上，这也是中国家电业在很长时间内奉行的策略，通过吸收、转化、大规模低成本制造来获得高性价比，这正是中国家电业得以击退跨国巨头的核心竞争力所在。

但是，随着本土企业能力的不断提升，它们终将不满足于跟随，而逐渐形成超越。与此同时，当中国市场越发庞大与成熟，中国的消费者也开始不满足于功能简单、外表简约的一般标准品，其需求越来越高端化、复杂化、个性化，这反过来促使本土品牌必须更多地深入市场、了解市场，用更有价值的创新和品质去赢得市场。

作为本土品牌中的一员，容声在2014年以后，也走上了自主开发的道路。当年，他们成立了专门的用户研究团队，深入研究消费者在使用冰箱时的真正需求和痛点所在，结合现有技术，提出新品的开发方向。相比原来在半年内实现新品开发的节奏，在新流程中，从前端调研到实现量产被延长到了15个月左右，增加的环节包括市场调研（针对目标消费群体）、非模样机制作、专用测评、五感测评等，经过反复测评调整到位之后，才开始组织打造新品生产平台。这样的流程虽然看起来繁杂冗长，但实施之后的效果非常明显，新产品在工业设计、使用感受上明显获得了更加广泛的好评。从跟随开发到自主开发，这是一种理念的转变，也是生产流程的全面改造，容声坚定地采用了一种看似"低效"的方式，却极有可能赢得更加广阔的未来。

在冰箱产品不断扩容的同时，容声品牌本身也在发生"聚变"。2014年11月，容声在青岛召开了洗衣机上市发布会，宣布进军洗衣机领域。由于在此之前，三洋科龙冷柜早已由科龙公司独资拥有，并以容声品牌生产销售，因而，容声自此正式升级为包括冰箱、冷柜、洗衣机等在内的冰冷洗全系列产品的"大容声"。据海信内部人士介绍，容声牌洗衣机的技术基础传承于海信科龙在2008年与惠而浦合作兴办的合资厂，之所以要使用容声品牌进入洗衣机领域，一是由于容声品牌具备强大的号召力和影响力，可以在宽度上进行延伸；二是由于洗衣机行业市场容量足够大，国内市场年销量与冰箱相近；三是白电行业"冰洗不分家"，品牌的跨越相对容易接受。"从品牌发展的角度来讲，家电行业的竞争已经逐步从单一品牌的竞争逐步发展到集团建制的竞争，如果某个品牌只有一个产品，你在未来的竞争当中可能会慢慢失去机会。"有关人士如是说。

三十而立寻旧人

部分是由于科龙的跌宕命运的缘故，部分是由于海信的"不善言辞"的原因，在外界看来，容声似乎已经沉默了很长时间，即使是在市场上重新崛起、慢慢开始"收复失地"之后，仍有人把容声当作一个已经在走下坡路的没落品牌。于是，当业绩稳定增长，手中握有更多营销资源之后，如何将这个老品牌再度"擦亮"，提升在市场中的影响力和曝光度，就成了容声营销团队的重任。

2013年，容声迎来了自己的30周岁生日。在此之前，一名容声的老用户给容声冰箱总部寄了一封感谢信，信中提到："1986年买的冰箱，使用至今没有出现过问题，质量确实过硬，特向厂家寄信表示感谢。"这封朴实的信件让容声营销部门感到欣慰和振奋的同时，也触发了他们的灵感。

当时主管容声品牌推广工作的朱海波在日后回忆道："容声是一个很老的品牌，从我刚开始干容声的时候，别人就告诉我容声品牌老化，一直到现在还这么说。我们当时就在思考，品牌老是对的还是错的呢？"结论是，老固然有老的缺陷，但也有老的优势。他举例说："现在人们经常会怀念一些很老的商品，譬如像大白兔奶糖、回力运动鞋等，这其实是对过往美好记忆的一种追求。可以说，复古也是一种美。"回到容声身上，它是否

"搭载"过人们的美好回忆呢？答案当然是肯定的。伴随着汪明荃的"我就是信容声"和"容声容声，质量保证"的广告语，伴随着数十年精益求精的良好口碑，容声已在经历改革开放的一代人心中，牢牢树立了诚实守信、质量领先的品牌形象，如果能够唤醒这种品牌记忆并使之完成代际传承，对容声的重新崛起当然大有裨益。当老用户寄来的信件出现在容声营销团队的面前，他们立刻意识到，时间和质量，本就是两个可以紧紧相连的要素。于是，在容声冰箱诞生30周年之际，一场名为"寻找老用户"的品牌营销活动在线下开展了。

这场活动的主要内容是，容声主动向全社会征集服役超过10多年甚至20年的老容声冰箱，并按照不同的服役年限提出了"免费换机""折价抵新"等若干奖励政策。尽管受预算和宣传资源的限制，在活动开始之初，容声并没有在媒体上大肆宣传，只是通过各地分公司、经销商在销售终端做地面推广，但活动的反响却好得出人意料。在山西、在河南、在湖北、在广西……一台台服役超过20年但仍在正常使用的容声冰箱不断浮出水面，一再刷新人们的认知极限，令消费者们屡屡发出惊呼："原来容声冰箱的质量这么好！"在地面活动的火热推进下，媒体也注意到容声的这一推广活动并进行了宣传，容声品牌的影响力在大众心目中开始快速上升。

回顾本次活动，容声人认为这是一场实施成本不高但效果、意义俱佳的推广活动。朱海波从几个维度总结了活动的价值：第一是对于经销商来说，由于容声冰箱持续经营的能力和有口皆碑的质量优势，他们对容声品牌的好感度大大提升了，特别是在随后的30周年庆典活动中，与容声合作时间比较久的老经销商都受到了隆重的礼遇，这无论是对他们本身，还是对其他经销商，都起到了很好的示范激励作用；第二是对终端卖场和导购员来说，容声品牌延续经营30年以及层出不穷的超长服役产品，给容声的终端销售带来了压倒性的优势，使他们对做容声产生了更强的信心；第三是对于消费者来说，在加快冰箱的更新换代、享受更便捷舒适生活的同时，也获得了实实在在的优惠。

而容声品牌在这场活动中是否也有所得呢？答案当然是肯定的。当这场优惠促销活动以"寻找老用户"的温情面貌出现时，它所起到的作用绝不仅止于提升销量，更重要的是，容声最为坚实的品牌内核——质量，在这场活动中，以实物呈现的方式无可争辩地展现出来，并因而引发了市场关注与热议。而且，当关于时间的记忆被社会大众反复讨论，那沉淀已久的感情便得以酝酿和抒发。于是，在新一代人的心目中，那些老旧机器所代表的"古板""守旧"就渐渐变成了"忠诚""可靠"。于是，容声品牌认知的代际传承，在潜移默化之中被有力地推动了。在2013年以后，容声的市场占有率每年均保持稳定增长，举办这样的品牌营销活动是功不可没的。

值得一提的是，对在本次活动中涌现的一些服役时间特别长的老冰箱，容声还把它们拉回了自己的展厅，骄傲地将它们展现给世人。这些外观简朴陈旧的老家伙们，只要它们还站在那儿，就仿佛在提醒后来者：产品质量始终是容声最核心的追求。从30年前的"质量取胜"到30年后的"质量不能让企业一荣俱荣，却可以让企业一损俱损"，从用高度的责任心和"产成品通电24小时"这样的"笨"办法来防止次品出厂，到用更加完备的管理制度、全流程节点控制和先进的现代设备来保障产品质量，岁月变迁，但容声初心未改。

容声倒钩耀欧洲

如果说"寻找老用户"是一次刻意策划、主要针对存量用户的活动，那么在三年之后的2016年，容声却因为一次非常偶然的机遇，在全世界球迷面前突然爆响。

2016年6月，万众瞩目的法国欧洲杯正如火如荼地举行。当地时间6月25日15时（北京时间6月25日21时），八分之一决赛第一场，瑞士队对波兰队的比赛在圣埃蒂安热奥弗鲁瓦吉夏尔球场上演。尽管对战双方在群星璀璨的欧洲杯中难称豪门，但由于是淘汰赛首场比赛，开赛时间对中国球迷而言又属于黄金时间，因而还是引起了中国球迷的极大关注。当比赛进入常规时间尾声，一球落后的瑞士队开始搏命反击，发起一浪又一浪的进攻狂潮。这场比赛最为激动人心的场景发生在第82分钟，当时瑞士队四名球员压向禁区，而皮球经过反弹后落在了身披23号球衣的沙奇里身后。对于进攻球员来说，这个落点并不太好，他或许只能将球停稳后传给后插上的队友。但是，奇迹就在这个时候出现了！这位被称为"瑞士梅西"的小个子球星在背对对方球门的情况下，毫不犹豫地腾身而起，用"倒挂金钩"的方式将球射出。皮球像出膛的炮弹一样，钻进了波兰队大门的左下角！1:1，比分扳平了！这粒精彩进球立刻让全场球迷为之沸腾，也让电视机前的观众大呼过瘾。

也许只有极少数细心的观众注意到，当沙奇里做出漂亮的腾身舒展动作，并用左脚脚背击出足球时，背景的广告牌上赫然显示着四个中文字"容声冰箱"。不过，当进球的视频被反复回放，射门的定格图片被不断转发之后，这个背景广告的曝光度开始急剧上升，数以万计的中国球迷展开了热切的议论——"中国品牌已经走向世界了"，有人甚至亲切地将沙奇里的倒钩称为"容声倒钩"。

"容声倒钩"的出现当然是一个巧合，但巧合背后是一系列精巧的准备。根据时任海信集团品牌总监朱书琴的回忆，海信集团作为2016年欧洲杯的顶级赞助商，被获准露出三个品牌，于是，海信将容声带到了欧洲。根据赞助条款规定，容声被允许在一场比赛中做围栏广告。那么，应该选哪一场呢？经过一番讨论，品牌部的同事们决定将宝押在八分之一决赛的第一场。一方面，这是淘汰赛的第一场，关注度自然相对较高；另一方面，容声品牌主要负责内销，目标人群为国内消费者，而这场比赛的直播时间为周六晚九点，正是国内球迷观看球赛的黄金时间（事后证明这场比赛是本届杯赛当中，中国区域收视率最高的几场比赛之一）。而在挑选露出LOGO时，还发生了一个小插曲：最先打算递交的是容声的英文LOGO "Ronshen"，但当时负责容声推广工作的朱海波看了方案以后发表了否定意见，坚持使用中文LOGO "容声冰箱"。他的理由非常简单，选用英文固然能使国际观众看懂内容，但却会让中国观众感到疏远，而容声品牌的影响力主要在国内而非国际，此次品牌露出的着眼点应该落在"出口转内销"。而且，对于国际观众来说，与其向他们曝光一个"知其然而不知其所以然"的品牌名称，倒不如展现中文汉字标识更能引人关注。最终，他的意见被采纳了。

不过，尽管做了充分的准备，但实际上根本没有人能够提前料到，容声仅凭一场广告露出，竟然真的火了。"容声倒钩"传遍网络的时候，朱海波走下出差的航班打开手机一看，不由惊呼一声："太棒了！"但精彩归精彩，新闻热点往往存在急起急落的现象，如果没有抓住热点做好推广，把新闻影响力扩大并让人记忆深刻，那么，一旦时效过去，热点就会成为时间长河中的一道微澜，变得毫无意义。

朱海波决定立刻采取行动。尽管这个推广项目因为毫无预料而没有立项，尽管当时已经是周六的深夜，但在机不可失的紧迫感下，他立刻将部门人员和合作广告公司的资源调动起来，要求尽快出文案，在微博、微信朋友圈等移动端媒体铺开传播。于是，这个团队在毫无准备的情况下，以急行军的方式投入工作，策划、设计、传播各司其职，一直忙碌到次日凌晨三点，才将所有文案备齐并开始"倾销入市"。

容声人的努力很快得到了回报。从当天晚上开始，容声所动员的海量媒体资源，开始集中发布相关信息，形成了"霸屏"的场面。由于"中国品牌亮相世界赛场"这个话题本身所固有的正能量属性，连包括新华社在内的官方媒体也进行了主动转发，为容声的火热气氛又加了一把油。在6月底短短的一星期内，经过几轮次密集的传播，"容声""容声冰箱"的搜索热度急剧上升，在白电旺季到来之际，风头一时无两。

代表中国品牌闪耀国际赛场，以国际影响力带动国内影响力，对容声来说，这算得上是一个意外之喜，但也是题中应有之义。一时的高光璀璨，背后是长久的默默耕耘，而对"容声倒钩"来说，它背后所依托的，正是海信长久沉默不语而又坚决奉行的国际化战略。

第十五章　疾驰五洲

全球化即使是个陷阱，我们也要跳下去。

——周厚健

静水流深

正如中国传统观点所认为的那样，世间万物的"势"总是在阴阳两极之间来回转化。20世纪90年代，当跨国巨头集群式地向中国大陆发起冲击，人们不免担心年轻稚嫩的中国本土品牌会在一夜之间被冲垮。然而，当本土品牌用成本优势和营销策略构建起的堤坝挡住了跨国资本的侵袭时，他们又开始思考，中国家电业能在国际化、全球化的浪潮中得到什么？

最容易推断出来的一条路径是，利用中国企业的比较优势，与跨国企业合作而非直接竞争。在当时，中国制造业的优势是综合成本较低、劳动力资源丰富、产业配套日渐成熟等，因而具备了大规模低成本制造的基础，而弱点是核心技术能力缺乏、资本实力相对较弱等。跨国资本在试图开拓中国市场的同时，也依赖于中国的巨大产能，而这正给中国企业带来了机会。通过合资建厂、OEM等方式，中国本土企业可以承接跨国品牌的产能转移，从中以加工费等方式获得利润，同时学习其管理经验和技术。1999年发表在《人民日报》上的一篇评论把中国企业应对国际竞争的战略分成了三个阶段，其中第一阶段就是"接受跨国公司的全球战略安排，承接其转移的一般制造业和硬件产品的加工。在合作中学习，提高自己"[1]。当时的美的总裁何享健在比较海外投资设厂和给国际品牌做OEM时说："其实，在家电制造方面，中国尤其是珠江三角洲最具优势的是，政府支持、综合成本、劳动力资源、工人素质等方面。我的想法就是在国内把美的建成一个世界上最大的生产基地。充分利用我们的优势，特别是现在全球经济一体化，中国加入世贸以后，关税降低，对发展制造业很有利。"[2]在彼时的顺德，有四十多家空调厂家，包括科龙在内——大多为知名品牌"打工"，以最稳和最快的手段赚钱。把OEM做到极致的是同样来自顺德的格兰仕，它通过低廉的劳动力成本从而获得了横扫全球的比较优势，最后跨国公司们发现，与其在自己的生产线上制造微波炉，还不如将生产线租赁给格兰仕，授权它贴牌生产。就这样，到20世纪末，格兰仕已经拥有年产1500万台微波炉的生产能力，占据国内76%、世界近三成的市场份额。

但是，事实上所有人都明白，无论是合资建厂还是OEM模式，中国制造企业总是被迫委身于"微笑曲线"的底端，因

---

[1]　王志乐. 跨国公司战略调整的启示 [N]. 人民日报，1999-09-27(9).
[2]　迟宇宙. 海信史：十年再造的关键时刻 [M]. 海口：海南出版社，2003 年版.

而获利相当有限。更重要的一点是，如果总是只输出制造能力而不输出品牌，那么，中国品牌在未来的全球竞争格局中将永远被边缘化，甚至随着比较优势的逐步弱化，连国内已有的份额都有可能失去。总有人不甘于此，总有人希望将竞争的舞台放大到全球，即使付出巨大代价也在所不惜。1996年，海尔在印尼雅加达成立了海尔莎保罗有限公司，正式开始全球化的布局，到2002年底，海尔已经在菲律宾、伊朗和美国等地建立了13个工厂，海外营业额达10亿美元。文后一年，TCL宣布收购法国汤姆逊旗下彩电业务，这也是中国家电类企业首次兼并世界500强公司的主流业务。这种全球化路径在当时看起来是一种危机四伏的艰险之途：海尔海外子公司的实际经济效益在很长时间内被舆论尖锐质疑，而TCL的超级并购则很快将它拖入了亏损的泥潭。

比起击鼓而进的竞争对手，海信在对外宣传上总是显得比较"木讷"，但其全球化的决心和行动却毫不逊色。早在90年代初，在李德珍向周厚健递交权柄的前夕，她就说出了深藏在心中的愿望："在世界地图上点一个点，这个愿望我没有实现，愿你们在开拓国际市场方面做出努力，在世界地图上点一个点。"这当然也是周厚健的愿望，他随后为海信描绘了一个全球化发展的目标："将海信品牌发展成世界市场上的知名品牌，让大多数的海外消费者认识海信品牌，接受海信文化，使用海信产品，享受海信的优质技术和完善的售后服务，支持海信的发展；形成全球化营销和服务网络；实现资本、技术和管理的国际化；完成海信集团的全球化发展战略布局，实现海信集团的国际化管理，向跨国经营迈进。"有一次，为了充分表达自己的决心，周厚健甚至这样说道："全球化即使是个陷阱，我们也要跳下去。"[1]

1996年，海信终于在世界地图上点了一个点，这个点位于非洲大陆的最南端。三年之前，周厚健在南非调研时，发现当地有着巨大的电视机销售潜力，于是启动了对南非的出口。三年后，海信在南非成立了子公司，又在南非西北省的波切夫斯特鲁姆市建立了生产厂，直接在当地生产和销售。到2000年，海信又收购了韩国大宇在南非的工厂，产能进一步扩张。在当时，海信已经成为南非非常知名的电视品牌，市场占有率达到10%以上，同时还向周边五个国家出口。

进入21世纪，海信的海外布局节奏有条不紊。2001年，海信美国公司在美国洛杉矶成立，逐渐打开了北美市场，使海信旗下的电视、空调、冰箱等多媒体和家电产品进入了包括沃尔玛、百思买、山姆俱乐部、Costco、亚马逊、P.C. Richards等在内的大型连锁渠道。2006年，海信澳洲公司在澳大利亚墨尔本成立，销售海信的电视、空调、冰箱等产品，销售区域覆盖整个大洋洲，并通过冠名国际澳网公开赛主场馆、赞助澳网公开赛等一系列品牌运营，进一步推动海信品牌在当地的发展。到2010年，海信设立海信日本株式会社，正式进入日本市场。这是一个具有很强象征意义的事件：几十年来，日本企业一直是全球家电行业中的佼佼者，索尼、松下、东芝、夏普……

---

[1] 迟宇宙. 海信史：十年再造的关键时刻 [M]. 海口：海南出版社，2003 年版.

这是一连串威震寰宇的名字。甚至像松下这样的企业，还是最早进入中国市场的跨国巨头之一，它们曾经是中国企业仰视和畏惧的对象，但现在，像海信这样的中国品牌，开始"反戈一击"，向日本本土进发了。

快马加鞭

当时间步入21世纪第二个10年，在激烈的中国市场洗礼已久甚至早已把触手伸向世界的中国家电巨头，已经成长为一个个庞然大物，动辄千亿级别的营业收入与总资产，使它们至少在规模与资本实力上已经丝毫不逊色于跨国巨头们——假如在核心技术上还难言等量齐观的话。与此同时，那些原来看起来似乎不可战胜的名字，却因为次贷危机、欧债危机的连番侵袭，以及崛起者们无所不在的攻击，而显得江河日下。不断收缩的市场规模，居高不下的运营成本，让跨国巨头们深陷亏损泥沼，甚至到了不得不断臂求生的地步。

此消彼长，攻守之势已然逆转。对中国家电业而言，尽管高利润的黄金代代已经一去不复返，但是跨国出征的大并购时代到来了。海尔在2011年收购了日本老牌家电企业三洋的白电业务，在2012年又收购了厨电企业斐雪派克，在2016年更是以55亿美元的惊人代价收购了通用电气的家电部门；创维在2015年收购了德国电视制造厂商美兹的TV业务；美的在2016年一口气进行了三项收购，将东芝白电业务、意大利中央空调企业Clivet80%的股权以及德国机器人制造企业库卡81.04%的股份纳

入麾下；TCL则在当年底收购了美国Novatel Wireless公司的MIFI
业务。

在激动人心的收购浪潮中，海信也在快马加鞭。海信是一
家长久以来习惯于内生增长的企业，资本运作非其所长，但如
果有机会用合适的价格拿下一个具备国际影响力的优势品牌，
海信绝不可能视若无睹。更何况，若干年前对科龙的收购尽管
让海信很是痛苦了一段时间，但交完不菲的学费之后，海信对
于如何实施并购显然有了更大的把握。

2015年，一个跨国并购的机会出现了。这个机会来自日
本，交易对手则是号称"液晶之父"的夏普。当时，由于对液
晶屏幕的过度投资以及市场需求不足，夏普陷入了连年亏损的
境地。在2014财年，夏普更是一口气亏掉了2223亿日元，不得
不大量出售业务以挽救危局。在2014年，夏普将自己在欧洲的
电视机生产、销售授权给斯洛伐克电视机制造商UMC，接着
又开始寻求出售其在美洲的品牌使用权。在夏普的版图中，美
洲是仅次于中国的第二大市场，而对海信来说，北美又是最大
的海外市场。如果能得到夏普的品牌授权，海信就有机会利用
其技术、生产能力和渠道，对提升海信在北美地区的份额有很
大帮助。所以，并购机会一旦出现，海信立刻紧紧地抓住了。
2015年7月，海信以2370万美元的划算价格，收购了夏普墨西哥
工厂100%的股权，并获得夏普电视在美洲地区（巴西除外）的
品牌使用权。

在2017年，海信的海外并购又落新子，此次的并购对象是
另一家日本老牌家电企业——东芝。受核电业务的影响，东芝

也出现了巨额亏损，被迫进行重组。在2016年，东芝已将旗下的白电业务出售给美的，此次又将负责电视业务的东芝映像解决方案公司股权的95%出售给海信。该笔交易最终在2018年交割完成，海信仅付出约4.5亿元人民币的代价，就得到了东芝电视产品、品牌、运营服务等一揽子业务，同时还拥有东芝电视全球40年品牌授权。凭借对东芝电视的收购，海信在全球电视市场的份额已经达到了全球第三。

海信虽然重视跨境并购在国际化战略中的作用，但并不全然依赖于此。一个很明显的事实是，尽管跨境并购能帮助企业迅速提升市场份额，同时还具有很大的广告效应，但并购中最难的部分——对并购标的的整合运营，实际上可能会花费更高的成本和极其漫长的时间。有时候，即便付出了这些代价，可能仍无法避免失败。以海信严格的财务导向，它不可能以过于激进的成本和节奏去实施海外并购。周厚健所梦想的"国际化的海信"，一定不可能是"买"来的，而是踏踏实实做出来的。

但在推动自有品牌国际化上，海信完全可以不遗余力。一名同时经历过科龙和海信两个阶段的干部，在描述两者的不同时，着重指出了海信的两个优势，其一为精细化管理，其二是自主品牌建设。在老科龙时代，尽管通过OEM实现了大量的出口，赚取了不少利润，但科龙和容声品牌并未因此而在国外获得影响力。海信虽然并不拒绝定牌生产，但却更重视自主品牌的出口。近年来，以海信品牌为标识的产品已经远销130多个国家和地区。在南非与澳洲，海信电视的市场占有率均为当地第一。

与海信的自主品牌国际化战略相适应的是，一贯在营销造势方面低调内敛的海信，近年来却屡屡在国际顶级赛事上发出强劲的声音。"选择体育营销是为了服务全球化策略。"海信集团品牌总监朱书琴说，"提升品牌拉力最有效的办法就是体育营销。大家可以回忆一下，中国刚刚开放的时候，我们怎么理解国际化的？就是奥运会、世界杯。"

　　海信在亮相顶级赛事方面，可谓一鸣惊人。且不论稍早时候的赞助F1红牛车队以及澳网公开赛，只说"容声倒钩"在2016年的惊艳表现，其根源正是由于海信以大手笔获得了当届欧洲杯的顶级赞助权益，而这也是欧洲杯56年历史上第一个来自中国的全球顶级赞助商。因而，在欧洲杯赛场上向全世界球迷展现的，除了"容声冰箱"和"容声容声，质量保证"之外，更有随处可见的"海信电视·中国第一"以及英文版的"Hisense, CHINA'S NO.1 TV BRAND"。这个霸气十足的标语在国内还一度引起了不大不小的争议——尽管多个市场调查机构的结论都证明，无论是销售量还是销售额，海信都无愧于"中国第一"的称号。于是，两年之后，海信再次以顶级赞助商的身份，将相同的广告做到了俄罗斯世界杯的赛场。成效当然是十分显著的。在世界杯结束之后，海信委托益普索在海外18个国家做了调研。调研结果显示，很多国家的消费者认为，海信就是一个国际化的品牌。这个调研结果是如此鼓舞人心，以致连有些海信人都感到不可思议，反问道："海信怎么会是个国际化的品牌？"朱书琴却笑得十分坦然："这没什么可奇怪的，三星到中国来就是一个国际化的品牌，同样，海信到南非去也是一个国际化的品牌。"

无论事实是否真的如此乐观，仅仅是这个问题的提出，都应该让周厚健们高兴好一阵了。显然，海信的国际化，正走在正确的道路上。

仰攻欧洲

可是，无论是去并购家电强国的老牌企业，还是把海信的广告做到全世界，海信人心中始终藏着一个缺憾。"海信的品牌不够高。"贾少谦用一种隐藏着不甘意味的口气坦率说道，"充其量就算一个中高端品牌，不是高端品牌。"实事求是地说，想要追求销量和知名度，就必须使品牌覆盖绝大多数消费者，而这也制约了品牌向上突击的路径。不过，那块可望而不可即的高地就放在那里，总是让人心里痒痒。"欧洲和美国有一些做小众市场的高端品牌，特别高端，产品极好。"说这句话的时候，贾少谦显得有些羡慕。

从头打造高端品牌不是不可以，但需要不菲的投入，更需要时间的积淀。如果想要快速切入高端市场，可能仍然需要借重资本的力量。

2017年，通往其中一块高地的道路开始若隐若现。位于东欧斯洛文尼亚的白电企业Gorenje，由于成本高企、市场竞争激烈，经营业绩开始快速下滑，2017年净利润同比下降了84%。为了扭转不利局面，Gorenje公开表示希望寻求战略投资者。

尽管不为中国消费者所熟知，但Gorenje在欧洲却称得上是闻名遐迩。这家成立于1950年的老牌企业，现时已经是斯洛文尼亚最大的生产型企业和出口商，在欧洲大陆市场占有率为4%，为欧洲八大家电制造商之一。2017年，Gorenje拥有员工1.1万人，销售收入达到13亿欧元，其中95%来自出口，90%的产品在欧洲销售，旗下产品品类包括冰箱、冰柜、洗衣机、干衣机等白电产品，以及洗碗机、灶具等厨电产品，形成了以Asko为高端品牌、Gorenje为中端品牌的品牌体系和销售体系。其中，Asko（雅高）品牌堪称家电产品中的LV，单一产品的价格通常可以达到10万元人民币以上。

因而，当Gorenje待价而沽的消息传出时，全球"猎食者"顿时闻风而动，而最为积极的正是来自中国的家电巨头们。在全球经济不确定的背景下，在家电行业中，几乎只有中国企业拥有最为雄厚的资本实力和挺进高端的决心了。2018年春节前后，接近Gorenje的消息人士声称，有三家中国企业与Gorenje进行了实质性接触。

海信正是其中一家。"2018年1月，汤总（汤业国）和我两个人去考察了一下，也不叫考察，就是做一个初步接洽。"贾少谦多少有些得意地回忆道。他的高兴是有理由的，海信在这场规模并不小的跨国并购中，表现得又快又好。2月份，当Gorenje启动招标程序时，海信的竞争对手是同样来自青岛的海尔和另一家老牌冰箱企业美菱。各方对于这场收购都进行了数月的准备，均从法律、财务、市场等方面做了周密的尽职调查，并设计交易方案。5月初，竞标谜底揭晓，海信凭借国际市场的优势、国际品牌战略和竞标策略最终获胜。根据媒体的公开报道，海信的报价是以每股12欧元（约14美元）控股收购

Gorenje公司一半以上的股份。这一报价高于所有竞争对手，充分显示了海信的并购决心。5月29日，海信发布收购要约，而到6月26日，海信已经通过其卢森堡子公司收购了Gorenje公司95.42%的股权，几近完全控股。7月，该笔交易获得斯洛文尼亚国家监管机构的正式批准。8月初，并购获欧盟委员会批准，最后一个潜在障碍被扫清。至此，这笔总价值接近3亿欧元的跨国并购，从开始接洽到完成收购，仅仅耗时约半年即告成功。

收购Gorenje是海信发展史上金额最大的一笔并购，但其意义绝不仅止于规模。首先，是"仰攻"欧洲高端品牌的目标随着本次并购的完成而得以实现。当海信旗下出现像Asko这样的欧洲市场上的高端品牌，那么，海信就真正实现了在国际市场上的高中低品牌全覆盖。这是纯粹依靠内生式发展所难以实现的。

第二，海信得以借此而完成了家电全品类的覆盖，在家装一体化的趋势中占住了身位。此前，海信在传统优势项目——以电视机为主的黑电领域已经排在全球前列，而冰箱、空调等白电品类在中国也属于前二梯队。相较而言，海信在厨电品类方面刚刚开始发力，与主流品牌尚有差距。而Gorenje则是欧洲厨电的领导品牌，其洗碗机、蒸箱、烤箱等产品既有高技术又有高毛利，海信通过此次并购案，直接为自己补上了厨电的短板，实现了家电全品类的覆盖。随着房地产市场家装一体化趋势的出现，具备全品类产品的家电品牌在与开发商进行合作时将具备明显优势。从这个角度来看，海信的此次并购具有重大的战略意义。

第三，海信得以借此完善全球市场的布局。此前，海信在亚洲、非洲、澳洲、美洲均通过自有品牌运营或并购行动提升了品牌影响力和市场占有率，但在生活水平、品质要求相对较高的欧洲尚缺乏影响力。通过此次并购，海信在欧洲市场惊艳亮相，此后不仅可以通过Gorenje取得市场份额，而且借助Gorenje的生产基地、销售渠道和供应链，海信完全可以实现自有品牌产品的当地生产、当地销售，以规模化运营降低成本、提升效益，同时也提升自有品牌在欧洲的渗透率。

第四，借助本次收购，海信在工业设计、制造工艺等方面获益良多，而这也将在未来直接转化为品牌的竞争力。据悉，在完成收购之后，海信立刻开始频繁组织双方研发人员的交流，而这种交流对于海信的工程师们来说是足以提升眼界的。海信人坦率地承认，欧洲人所售卖的这些价格看起来高不可攀的产品，无论用料还是设计都"很上档次"。很快，海信集团的工业设计中心开始整合Gorenje的工业设计，希望借助对方的能力积淀，帮助实现海信旗下现有产品（当然也包括容声在内）的外观、内饰整套升级。很显然，这样的"软实力"的叠加，将使得海信旗下品牌的未来竞争力得以进一步增强，创造出更多的品牌溢价。

当然，即便我们很容易掰着手指细数并购的这些好处，但真正困难的整合与运营还在后面，而成败殊难预料。即便是近年来令国人们兴奋尖叫的那些大并购，它们的"盖棺论定"也需要在很多年之后才能做出。对海信来说，如何在接近全资控股之后还能理顺被控股方的公司治理结构，如何保证管理层的本土化和稳定性，如何处理好与强势工会的关系……这些都是难题，许多中国公司已经在国际并购中吃过大亏，而海信未必不会遇到新的难题。但无论如何，这一步总是要走出去的，而早走总比晚走更好。

现在，如果我们再来回味周厚健说的那句 "全球化即使是个陷阱，我们也要跳下去"，或许已经可以得出这个结论：是的，海信真的跳下去了，而且跳得还不错。

第十六章　面向未来

不要老叹息过去，它是不再回来的；要明智地改善现在；要以不忧不惧的坚决意志投入扑朔迷离的未来。

——亨利·沃兹沃斯·朗费罗（美国诗人、翻译家）

战未来

"这是一个最好的时代，这是一个最坏的时代。"英国作家查尔斯·狄更斯曾在其小说《双城记》中如是感叹道。这一辩证式的论断是如此的意味深长，以致在此后被无数人所引用。对于容声来说，它身处的行业正在进入一个新时代，而这个新时代同时展现出了两副面孔，一副残酷无情，一副充满希望。

在过去的几年，冰箱业就其整体而言，正在走向红海的深处。2008年到2013年间，家电下乡、以旧换新、节能惠民等行业刺激政策的连续出台，固然使得家电业在金融危机的寒潮中逆风高歌，但也带来了市场空间被提前透支、行业洗牌被延后的负面影响。自2013年以后，冰箱国内销量逐年递减，

4000万台基本成为国内销量的天花板难以突破，仅仅依靠出口销量的增长来避免总销量的败退。由于行业参与者众多，在市场空间日益逼仄的情况下，家电业曾经最擅长的武器——价格战，就开始屡屡上演。但即便如此，由于需求总量滞胀，"以价换量"的传统逻辑似乎也已经不灵光了。从2014年到2016年中期，整个行业经历了一场漫长的寒冬，销售量、销售额、销售利润率等三个重要指标，均呈节节下滑之势。有人悲观地预计，由于冰箱产品一户一台的特性，随着全社会保有量趋近饱和，它的市场空间已经接近见顶，此后，这个行业将彻底沦为存量市场下的零和博弈。

容声同样在寒冬中忍受痛苦。但它随后发现，自己的市场份额却不降反升。商业与自然界拥有相同的无情铁律：严酷的逆境将弱小者淘汰出局的同时，给幸存者留下了更大的生存空间，那些没有被杀死的物种，将在蛰伏后变得更为强大。于是，从2016年下半年开始，随着出口增速抬升、产品结构向高端转型，冰箱行业在零售量趋稳的同时，零售额出现明显增长，而容声则回到了量、额双增长的上行通道中。一些市场人士分析后认为，相比空调、洗衣机等市场格局相对稳定的行业，冰箱行业还存在中小品牌过多的现象，市场份额仍然处在动态变化中，这意味着在未来的洗牌过程中，强势品牌还有进一步抢占市场空间的可能。事实上，仅仅在2017年一年，冰箱内销市场前四品牌的合计市场占有率就提升了四个百分点，在中小品牌被挤压出局的同时，呈现出了"强者恒强"的态势。如果将视野放大到全球，那么，头部品牌势头强劲的境外并购和海外销售，更是凸显了他们在全面竞争中的绝对优势。很显然，对于容声这样的行业巨头来说，市场竞争趋于激烈并不是一件坏事。

但是，这并不意味着现时的强者可以永远高枕无忧。胶卷行业的柯达和手机行业的诺基亚都曾被认为是不可战胜的超级品牌，但它们衰亡的速度比崛起的速度要快得多。这带来的教训是：哪怕是最伟大的强者，假如他的眼睛不能盯住未来，那他也将很快失去现在。

可喜的一点是，容声的"面向未来"之战，早已经层层动员，未雨绸缪。譬如早在2010年"家电下乡"刺激政策的顶峰，低端产品在三、四级以下市场卖得如火如荼之时，容声就开始了产品结构向高端的转型。在随后的几年中，像法式四门、十字对开门等大容量风冷冰箱的推出还引发了市场的跟随，而容声也得以在这些细分市场的爆发性增长中实质获益。相关监测数据显示，冰箱产品的平均容积从2013年的250L升至2016年的321L，400L以上产品占比也从2013年的27.65%升至2016年的53.5%。[1]产品结构的转型成功，使容声在行业整体低迷的环境下，确保市场份额逆势上扬。

容声另一个"面向未来"的做法，是持续加强预研、研发阶段的投入，针对家电智能化的趋势，推演未来场景，并进行有价值的创新。21世纪第二个10年以来，像小米、乐视这样的互联网企业对家电业的"入侵"给传统家电业敲响了警钟，尽

---

[1] 周雷. 冰箱业加快结构调整 抢占智能化风口 [N]. 中国高新技术产业导报, 2017-06-05(16).

管"互联网企业的降维打击将彻底颠覆传统制造业"的论调在后来被证明是过于夸张了，但家电巨头们普遍意识到，传统的硬件思维确实已经无法支撑产业继续做大做强。伴随着互联网基础设施的持续完善，以及通信技术、大数据存储与处理、人工智能等技术的高速进步，以物联网为基础的家居智能化是有很强确定性的未来发展方向。对这一方向，容声已经做了大量的技术探索，有一些甚至变成了现实。海信研发中心副总经理职东宁介绍说："所谓智能家居，一定会涉及以谁为主机平台的问题，而冰箱是最有可能成为主机的家电产品，因为它是唯一7×24不断电的电器。目前从技术上已经完全具备以冰箱为中心，智能控制所有家电产品的条件。此外，由于传感器技术的进步，我们的冰箱产品已经可以对储存食品的类别和数量进行识别，基于此进行食谱推荐，甚至自动补货。比如说，一旦发现鸡蛋数量少于5个，这时可以通过手机APP进行提醒，一键下单完成购买。"在2017年，海信通过与京东合作，已经将上述设想落地为正式上市的产品。

除了家电产品的智能化，制造过程的智能化也受到高度重视。科龙被海信收购之后，在几年时间内，其全国生产基地进行了大刀阔斧的整体调整，那些低价值的生产基地被关闭，而类似扬州工厂这样具备较好条件的生产基地，则进行了大量投资，增设先进生产线并尽快复产。在对待生产线的态度上，具有工程师基因的海信和潘宁治下的珠江冰箱厂颇有些异曲同工之妙，即绝不吝啬对于先进设备和技术改造的投资。根据一些媒体的报道，海信科龙在几年内用于新建山东平度工厂、广东江门工厂及针对江苏扬州、浙江湖州、四川成都等地的工厂的技改投入达数十亿元，其中，仅建设实验室、模具费和质量检测设备的投入就超过10亿元。尤其是在规模最大、生产线最新的平度工厂，在占地上万平方米的车间内，到处可见产品部件在巍峨绵延的流水线上默默运转，而只有在很少的工序上需要工人进行手工调整和组装。在这样的生产条件下，无论是生产节拍，还是制造精度，都已远非老科龙时代所能比拟，而这也为容声的"未来之战"铸就了坚实的后盾。

新起点

2018年8月29日，上市公司海信科龙（000921.SZ）发布《关于拟变更公司全称与证券简称的公告》，决定将公司中文全称由"海信科龙电器股份有限公司"变更为"海信家电集团股份有限公司"，证券简称拟由"海信科龙"变更为"海信家电"。公告对于更名的原因做出了如下解释："随着本公司发展壮大，资产状况大幅改善，营业收入规模稳步扩大，盈利水平大幅提升：资产总额从2008年的37.79亿元大幅增长至2017年的214.74亿元；归属于上市公司股东的净资产由负转正，且截至2017年年末大幅增加至64.45亿元；营业收入从2008年的86.35亿元大幅增长至2017年的334.88亿元；归属于上市公司股东的净利润由负转正，2017年实现归属于上市公司股东的净利润为20亿元。本公司已从单一生产冰箱、家用空调的家电制造企业发展成为集生产冰箱、家用空调、中央空调、洗衣机、厨房电器、环境电器、商用冷链等产品于一体的综合电器产品制造企业。此外，本公司实际控制人海信集团有限公司持续通过开展体育营销践行国际化战略，先后赞助澳洲网球公开赛、F1英菲尼迪红牛车队，并相继成为2016年欧洲杯顶级赞助商以及2018年FIFA世界杯官方赞助商，海信品牌海内外知名度大幅提升。为更好地反映本公司主营业务和战略定位，以及为进一步发挥本公司与实际控制人的协同效应，满足本公司品牌管理与品牌发展需要，从而提升本公司影响力，本公司拟变更公司全称以及证券简称。"

海信科龙的更名，从某种角度来说，像是海信对并购科龙的一份总结陈词。在经历了漫长的时光之后，海信科龙将耐心写就的长篇报告浓缩为精彩的成绩单，然后自信地按下回车键，让历史另起一行。尽管公司更名对业绩并无实质影响，但资本市场对海信科龙的回答表示满意，在次日用放量长阳至涨停来回应海信的雄心。2018年10月16日，海信科龙的公司全称、证券简称正式完成变更。"海信科龙"的时代结束了，"海信家电"的时代开始了。

对于海信科龙人来说，这是一个里程碑式的事件，它证明收购者最终完成了对被收购者的全部统一，从内容到形式。虽然对于现时的海信科龙来说，更名的象征意义远远大于实际意义。事实上，在这桩并购大案完成12年后，人们早已不再执拗地计较自己的原始身份。经历过老科龙时代的人们不再将海信人当作"入侵者"，后者也绝不可能将前者视为异类，并购之初那条无所不在的"分界线"，已经溶解得不辨行迹了。而且，即便是那些最怀念科龙时代全盛风光的人们，也会真诚地承认一个事实，如果没有海信的介入，科龙公司早在13年前就已经轰然倒地，所有利益相关方都会遭遇无法承受的挫折——尽管在私下里，他们偶尔仍会抱怨海信稍显古板的营销手法和极为严苛的财务纪律。汤业国有一次说："在这次收购中海信得到了利益，但获得利益是最小的，而且是海信自己干出来的。谁得到了利益？股东获得了回报，银行收回了贷款本息，供应商持续拿回货款，员工保住了工作，地方政府得到了税收和稳定的局面……所有的利益相关方都是受益的，这是一场多赢的并购。"他的话未必被所有海信科龙人听到，但想必能得到他们的集体认同。

广东当地媒体很快就更名事宜进行了采访，采访中当然谈及了当地人对于"去科龙化"的担忧。海信人显然对此成竹在胸。时任海信家电集团客户与品牌运营部副总经理尹志新对此回复道，未来公司旗下所有品牌将在海信家电集团旗下协同共进，科龙和容声依然会作为上市公司最重要产品品牌推进。

海信人显然深知容声品牌在当地人心目中的分量，在某种程度上，做大做强容声，就留住了海信家电在顺德的"根"。容声冰冷国内营销总经理宋家权马上就公开了一个信息：在2018年家电行业增长整体放缓的大背景下，容声作为销量领先的品牌，随着高端产品比例明显提升，销售额稳步上行，表现出良性的发展态势。尹志新随后补充道，正是基于这样的稳健业绩，公司近年来不断加大对容声品牌的投入，除了寻找新的品牌代言人外，还将在容声三十五周年之际举办一系列大型庆典活动，目的就是为了将容声冰箱做大做强，打造成行业第一品牌。

海信的反应令当地媒体及公众感到满意。海信入主科龙之后的经营业绩有目共睹，从来令人放心，但科龙的原生品牌是否会被边缘化，却一直是当地人的心头隐忧。现在，海信正在用容声的经营业绩和资源投入，明确地向大众传递这样一个信息：对容声品牌而言，企业的更名并不代表着终点，而代表着一个崭新的起点。

永恒的梦想

当2018年步履匆匆地走向结尾，容声品牌和海信家电集团密集地迎来了自己的高光时刻。

10月10日，容声35周年庆典暨海信家电3.0战略启动新闻发布会在广州召开。发布会上，在简要回顾了容声的发展历程，并提前 "剧透" 了35周年庆典活动的部分内容之后，宋家权着重指出，容声将始终坚持 "品质为本" 的理念，把即将到来的容声35周年庆典视作精神传承和品质见证的平台，通过回顾往昔峥嵘岁月，容声将适时做出总结，借此向更高处迈进。贾少谦则亲自撰写了题为 "致敬，35年风雨同舟的家人" 的一封 "家书"，真挚地将用户视为家人，并通过视频在现场宣读。贾少谦说，海信家电集团将以 "振兴民族工业，幸福亿万家庭" 为企业新的愿景，坚持 "家电的本质是家" 的理念，把 "利益百万家庭幸福需要" 作为企业发展战略的基石，与用户建立直接的链接，不断满足人们对美好生活的需求和向往。同时，努力引领家电行业并影响中国制造业，坚持品质至上的理念，打破廉价制造的坏现象，消除行业痛点，将幸福带进亿万家庭。这就是海信家电集团的3.0战略。接下来，海信家电集团将经由直达用户的营销模式、容声35周年庆典的活动落地、100家用户交互平台的建立、员工凝心计划的实施、健康行业生态链的打造、持续温暖人心的产品设计六大路径，将海信家电集团3.0战略推向社会、推向公众。带着新时代的新使命，迈向新征程。

11月2日，"大容共声，品质传承"容声35周年庆典活动正式在顺德召开，包括佛山市与顺德区的相关领导、行业机构领导、老员工代表、外部嘉宾以及容声各地经销商等受邀参加庆典。在庆典上，贾少谦向各界致欢迎词，并首次对外披露海信集团自2005年入主之后，与科龙、容声并购和磨合中的难点。他坦承，海信与科龙的并购，并不是并购交易完成就代表并购成功，关键在于双方核心竞争力和产业价值链的有效融合，转变为经营效益持续增长的驱动力，这才是并购最大的难点。"当时公司的确十分困难，曾经很多人担心容声、科龙两个品牌会消失，但我们从来都没有想过要放弃。"贾少谦表示，在这一过程中，海信科龙获得当地政府的全力支持，同时海信在资金、人才、管理等方面全力以赴地投入，实现对科龙原有的技术、产品以及市场网络和用户信任度的激活和承接。由此，科龙转危为安，由动荡变革期转入稳健发展期。同时，海信将"技术立企""稳健经营"的战略基因植入科龙，两者优秀基因的充分融合，促进企业逐步向技术、稳健、创新的方向发展。

值得一提的是，在这次庆典上，除了象征容声品牌精神传承的广告片、歌曲、图书被一一发布，一位容声创业者也被请上了舞台，并被颁发了"容声终身成就奖"，他就是主持打造出第一台容声冰箱的原珠江冰箱厂副厂长、科龙集团副总裁陈福兴。在激扬的音乐声中，年逾八旬的陈福兴缓缓走上舞台，用浓重的顺德口音表达了对容声创业史的回忆和感慨，也表达了对容声当下发展的喜悦和祝福。

当这位老人出现在台上时，台下响起了热烈而持久的掌声。他的出现，让抽象的岁月变得具象，使人们深深地体会到，那寸寸流失的光阴，正是他颊上的沟壑、鬓边的白发。35年！它足以将一个年方盛壮的汉子变成一个白发苍苍的老者。那么，一个品牌呢？

容声的后来者们似乎并不担忧老去，相反，他们正雄心勃勃地宣称，随着海信家电集团的正式成立，海信家电将从"白电品牌"向"世界级的家电品牌集群"转型，通过一系列变革创新、技术突破、产业延伸等举措，力争到2025年，主营业务收入实现1800亿元，进入世界一流品牌阵营——而容声正是实现这一宏大目标的主力军。

相信更多的期望与规模无关。恰如周厚健常常把"建百年海信"挂在嘴上一样，容声的后来者们也总是忍不住畅想："再到下一个35年……"没人说得清下一个35年到底会怎样，即便在家电这个已经充分竞争、完全成熟的行业，未来仍然扑朔迷离。人工智能、物联网、家装家电一体化……新动态、新趋势此起彼伏，曙光仿佛就在前方，道路却蜿蜒曲折，荆棘密布。何处是陷阱，何处是坦途？几乎无人可以决然论断。

但是，对于将要走的道路，容声人有自己的坚信。"产品是制造业的本源，是第一重要的因素。"拨开重重迷雾，他们的关切直指核心，"不管面临什么困难，面临什么样的竞争格局，俯下身子踏踏实实做好产品，不断提升产品力，更好地满足消费者日益提升的需求，这就是容声永恒的梦想、永续的使命。"

从"容声容声，质量保证"，到"踏踏实实做好产品"，35年岁月流转，代际已然更迭，但这个长情的品牌，信念始终如一。

守护这个信念的，是矗立在青岛与顺德的两座高耸的总部大楼，是落子恢弘的生产基地、研发基地，是星散四方的分公司、销售网点，是成千上万为容声奉献青春韶华的人们。

当然，每一个个体是如此渺小，每一个举动是如此细碎，以至于他们总是隐没在嘈杂的背景中，无法引人注目。但是，千万不要小瞧了他们。偶尔，当你抽离开去，在不经意间看向那一个整体时，分明可以听到一种情绪在呐喊：

"奔跑吧，容声！向着你的未来！向着你的梦想！向着你的荣光！"